海南文獻叢刊·分傳二

海　瑞
明廉吏·海青天

王　會　均　著

文史哲出版社印行

國家圖書館出版品預行編目資料

海瑞：明廉吏・海青天 / 王會均著 -- 初版
-- 臺北市：文史哲，民 102.08
　　頁；　　公分. --（海南文獻叢刊；11）
ISBN 978-986-314-134-1（平裝）

1.（明）海瑞　2.傳記

782.867　　　　　　　　　　　　102015529

海 南 文 獻 叢 刊　　11

海瑞：明廉吏・海青天

著　　　者：王　　　會　　　均
出 版 者：文　史　哲　出　版　社
　　　　　http://www.lapen.com.tw
　　　　　e-mail：lapen@ms74.hinet.net
登記證字號：行政院新聞局版臺業字五三三七號
發 行 人：彭　　　正　　　雄
發 行 所：文　史　哲　出　版　社
印 刷 者：文　史　哲　出　版　社
　　　　　臺北市羅斯福路一段七十二巷四號
　　　　　郵政劃撥帳號：一六一八〇一七五
　　　　　電話886-2-23511028・傳真886-2-23965656

實價新臺幣四〇〇元

中華民國一〇二年（2013）八月初版

王會均編纂

海南文獻叢刊

吳大猷題

II 海瑞：明廉吏 海青天

海南文獻叢刊龔序

　　海南（舊名瓊崖）孤懸海外，為我國南疆國防之重要屏障，世人固知之諗矣，而其礦藏之豐富，土壤之膏沃，教育之普及，民俗之淳厚等等，則鮮為世悉。鼎革以還，南中及國內各界名流，曾聯名條陳建省，北伐統一，鄉人宋子文陳策諸人復大力倡議開發，喧騰一時，遂為世所矚目，因而私人旅遊觀光者有之，組隊探究考察者有之，建教機構之提綱調查，專業團體之特定撰述，林林總總，不一而足，撰述之項目雖殊，開發之主張則一，其受各方人士之重視，已可概見，而珠璣文章，亦可列為地方文獻而無愧。

　　緬維吾人有維護文獻之義務，尤有發揚光大之責任，民初之際，海口海南書局曾收集邱文莊海忠介二公與諸前賢之學術著作從政書疏與文稿，都三十餘種，編印為海南叢書行世，此舉對顯彰前賢，啓迪後學，與夫保存文獻各方面，厥功其偉，惜乎連年兵燹，多遭戰火而燬失，今能倖存者，想已無幾矣。

　　本邑王君會均，青年有爲，對於方志典籍以及地方文獻等卷帙，搜存尤爲用心，前曾刊行海南文獻簡介一書，甚得佳評，今特將多年收藏之四百餘種有關海南文獻典籍中，擇其精要，作有系統之整理，編成「海南文獻叢刊」，而將次第印行，冀保文獻於久遠，作開發之津梁，復可供邦人君子暨中外學者作研究海南種種問題之參考，一舉數得亦可免珠沉滄海，玉蘊深山而不得用世焉。

　　　　　　龔少俠 中華民國七十五年（1986）
　　　　　　　　丙寅十二月行憲紀念日

海　瑞

明廉吏　海青天

目　次

南京都察院右都御史
海　瑞

海瑞名片與印章

　　"壽"字的來歷和特殊意義：海瑞在淳安任知縣期間，清正廉潔，適逢其老母七十歲壽辰，他狠下心買了兩斤肉為其母祝壽。並揮毫寫下了一個"壽"字，內藏"生母七十、生老百年、春來壽"等一筆合成，十個字，而且倒過來也是一個壽字。可見其書法藝術之精妙。

海瑞"粤東正氣"牌坊

海瑞墓園"揚廉軒"

海瑞墓及墓碑

左圖：海公金身像（梁灼攝）
下圖：浙江淳安縣海瑞祠

海瑞書法

書《海瑞：明廉吏　海青天》成

　　海瑞（1513～1587）氏，字汝賢，一字：應麟、又字：國開，號剛峰，士林尊稱：剛峰先生，廣東瓊州府瓊山縣（今海南省海口市瓊山區）人。距生於明武宗正德八年（癸酉）十二月二十七日，明神宗萬曆十五年（丁亥）十月十四日，卒於留都（南京），享壽七秩晉五歲（梁雲龍〈海忠介公行狀〉，暨王國憲《海忠介公年譜》俱載）。

　　案：海瑞之生辰，一作：明正德九年（1514）歲次甲戌春一月二十二日，特誌於上，以供查考。

　　海瑞係最愛民的廉吏，初授縣學教諭，歷知淳安、興國二縣。晉戶部主事、尋改兵部，擢尚寶司丞、大理寺丞、南京右通政（提督膳黃），累官都察院右僉都御史（總理糧儲提督軍務兼巡撫應天十府）。由於冒犯權貴，致遭佞官誣陷，被迫告病乞養，歸里（瓊山）閑居，沉潛近十六載耶。

　　迨明神宗萬曆十三年（1585）乙酉歲春正月，始奉召官復原職（南京都察院右僉都御史）。次（二）月（尚在赴任途中），又詔陞南京吏部侍郎（署理吏部尚書）。縱使浹歲三遷（陞），然亦為時已晚矣。於明神宗萬曆十五年（1587）丁亥歲十月十四日，病逝於官（南京都察院右都御史）。卒諡：忠介，贈太子少保兼吏部尚書。

　　海瑞公，誠以"重民"為念，於每任一官、治一事，莫無是

"愛民保民"爲職志，暨謀"百姓利益"爲根本。大都銳意鼎革，力矯時弊，痛除蠹政，懲治貪贓，禁絕賄賂，嚴鋤豪強，以解救民瘼。並施行"利民"政策，清丈田畝，貫徹一條鞭法，公平賦役負擔，全力興修水利，增進農業生產。深獲百姓的愛戴與欽敬，素以"清官"、"好官"，著名於世史。

海瑞秉性苦節儉樸，誠篤純眞，律己嚴正，廉潔自守。尤其"不貪財，不謀私利"，暨"剛毅不屈，是非分明，絕不鄉愿"風格，形成"社稷典範"頂級標識（象徵）。其治學理政之崇高理想，對於時政與世道之影響，至深且鉅，在中國歷史上，具有不可泯滅的價値，於士林亦佔極重要的地位。

清·張廷玉《明史》（卷二二六·海瑞傳）贊曰："海瑞秉剛勁之性，戇直自遂，蓋可希風漢·汲黯、宋·包拯。苦節自礪，誠爲人所難能。"於名垂丹青，顯爲歷史偉人。乃明代傑出政治實幹家，亦係卓越的財經改革家，更是海南先賢中俊傑的典範代表。其潛德懿行，足資世人矜式，永垂於青史，光大而流芳，並與日月爭輝矣。

案①汲　黯（～112 B. C），字長孺，西漢·濮陽人。性倨少禮，好游俠，尙氣節，以嚴見憚。歷官：東海太守、主爵都尉，政聲斐然。後爲淮陽太守，居十載而卒（臧勵龢《中國人名大辭典》頁四八五·三）。

漢·司馬遷《史記》（卷一二〇）、東漢·班固《漢書》（卷五〇），有傳。

②包　拯（999～1062），字希仁，北宋·合肥人。始舉進士，除大理評事，知建昌縣、開封府尹，遷右司郎中、禮部侍郎，歷官天章閣待制、龍圖閣直學士，拜樞密副使，

卒年六十四歲，諡：孝肅。

拯性峭直，惡吏苛刻，務倡敦厚。然立朝剛毅，貴戚宦官，為之斂手，聞者皆憚之。人以拯笑比黃河清，童稚婦女亦知其名，讚稱：包青天。善擅豪翰，其蹟雜見於群玉堂法帖中。著有《包孝肅奏議》（十卷），廣行於世（文史哲《中國美術家人名辭典》頁一五二）。

元·托克托《宋史》（卷三一六）、明·陶宗儀《書史會要》（卷七）、臧勵龢《中國人名大辭典》（頁一六九·三）、楊家駱《四庫大辭典》（頁四九六·二），載有傳略。

余個人祖籍海南樂會（今瓊海市）陽江鄉大良村，自少景仰先賢海瑞「讀聖賢書，幹國家事」壯志，及長素慕「苦節儉樸，嚴正律己，剛毅不阿，廉潔奉公」風格。入世後，更瞻仰「富貴不能淫，貧賤不能移，威武不能屈」崇高氣節。於圖書館從公，皆「面向人群，心朝讀眾」，堅持「善化人心，美化人生」信念，期達「福報社會」心願。

明代第一廉吏海瑞（忠介）公，於今適逢冥辰五〇〇周年，個人不敏，乃本敬仰衷誠，爰就原著《海瑞研究文獻史料綜錄》（未刊）稿本，詳加參閱、校核，重新彙整、分類作業，並查證相關文獻，以進行研究及撰著論文，而完成是帙《海瑞：明廉吏　海青天》，以示景仰與追思，藉資告慰先賢在天之英靈。

本篇係從史學（傳記）理念，暨資訊科學（書目、索引）角度，就明代第一廉吏：海瑞（忠介）之家世、生平、著作，暨相關文獻史料，作系統化整理與綜合性研究，俾有助於完整性的認知與思維，敬期先進賢達，暨邦人士子教正。

　　是帙具有「個人傳記」屬性，兼備「著作目錄」特質。全書
主要內容，除緒言與結語外，計分：家世、生平、著作、研究等
四大部分。於文中，對先賢海瑞之立身處世，任官風格，行誼事
蹟，趣聞雅事，世史評價，皆有深入而週詳的敘述。此外，先賢
之著作，暨相關的研究論文，亦有作完整性彙考，系統化分類，
然以歷程艱辛，苦不堪言。不但勞心傷神，而且費時費事更費
力，若有助學術研究，則"無怨無悔"，吾願足矣！

　　首就「著作」項分析，係指先賢海瑞之論述而言，大都是後
人彙輯梓刊傳世。按「四部分類法」，計有：「史部」三種（六
刊板），「集部」七種（四二刊板），「合集」一種（八刊
板），共十種五六刊板（內稿本一種）。於是顯見，先賢著作不
多，然題名殊異，梓板特多。唯足以說明，後學士子，對先賢海
瑞論著之重視與珍惜焉。

　　次從「研究」項統計，係指古今學林士子之著作而言，計
有：書刊與論文兩部分。其書刊部分，包括：「會刊」四種（中
華民國丘海學會刊物）、「譜傳」一五種、「小說」一四種、
「戲曲」四種（平戲，亦稱：京戲，三種。瓊戲一種）、「史
料」七種（單行本四種、手稿本二種、影裝本一種）、「碩士論
文」二種、「彙輯本」（係指丘濬、海瑞之合輯本）七種，共五
三種。

　　於論文部分，又分十目，內中：「書目」四篇、「會社」一
七篇、「民族」一一篇、「農經」一六篇、「政法」四七篇、
「史料」一一九篇、「傳記」九四篇、「軼事」二二篇、「藝
文」六二篇、「古蹟」五〇篇，共計四四二篇。於是顯見，海瑞
公備受古今士林之敬重與景仰耶。

從研究項史料目窺之，內中有褒亦有貶，尤於二十世紀六〇年代，在中國「文化大革命」（十年浩劫）期間，中共四人幫"借古鬥今"，更利用「紅衛兵」，批判歷史偉人，冤誣侮辱忠賢，海瑞泉下有知，情何以堪！

綜觀上列文獻資料統計與分析，吾儕莫難瞭解「海瑞著作」全貌，更能體認古今學林士子，掀起「海瑞研究」的熱潮。此乃筆者撰著《海瑞：明廉吏　海青天》之動機與旨趣，其目的在提供學者專家，暨邦人士子，一支開鎖的"鑰匙"，俾有助益於「海瑞研究」參考。

本書之成，文史哲出版社彭正雄先生，勞心勞神，詳加規劃，並提供寶貴意見，銘感五中。同時內人邱美妹女史，全力支持，悉心照料，備受辛勞，無怨無尤，無勝感激，特致謝忱，聊表寸心。

王會均書於臺北市·海南文獻史料研究室
中華民國九十六年（2007）丁亥歲清明節　修正
中華民國一〇二年（2013）癸巳三月十日　校補

卷之首　緒　言

　　海瑞（忠介），字汝賢、號剛峰，士林尊稱：剛峰先生，廣東瓊山（今海南省海口市瓊山區）人。乃明代廉吏，亦是一位傑出政治家。生性剛正耿直，忠君愛民，勤政廉潔，不懼權貴，疾惡如仇，世以"清官、好官"著名青史，蓋可希風"汲黯"（西漢人）、"包拯"（北宋人）氣節，故有"南海青天"讚譽，深獲世人頌揚與敬仰矣。

　　海瑞氏身處時代，正是大明王朝，從全盛走向衰敗的時期。其時官場吏治腐敗，貪贓枉法，行賄受賂，風行成習。兼以"權貴豪強"，拚命"剝劫民財"，令人"怵目驚心"，更是"慘不忍睹"。尤其社會風氣惡劣，"貪慾橫行，賦役繁重，水旱靡時"情景，民不聊生，憤懣載道，官民交惡，對立衝突，日益尖銳耶。

　　海瑞生於正德年（1513）間，歷事：嘉靖、隆慶、萬曆三朝，大都銳意改革，力矯積弊，以匡正社會惡習，期拯救百姓疾苦，於水深火烈之中。

　　明武宗毅皇帝，名朱厚照（孝宗長子）。於佛經梵語，無不通曉，自稱：大慶法王，西天覺道圓明自在大定慧佛，命所司鑄金印以進，築豹房新寺於禁內。恣聲伎為樂，嘗微行至宣府，數夜入人家，索婦女，大樂忘歸，稱曰家裏。

　　寧王宸濠反，王守仁討平之。帝以親征遂如南京，江彬導帝肆意漁獵，還京遇疾，崩於豹房。在位十六年（1505～1521），廟號：武宗，年號：正德（臧勵龢《中國人名大辭典》頁五七五·一）。①

明世宗肅皇帝，名朱厚熜（憲宗孫、興獻王祐杬長子）。帝即位，誅江彬。追尊興獻王爲恭穆獻皇帝，母爲章聖皇太后。嘗宿曹妃宮，宮婢楊金英伺帝熟寢，以絹縊帝項，未絕，皇后馳救得甦，收曹妃、金英等磔於市。

時嚴嵩大權獨攬，專橫獨斷，久之始罷。帝晚年求方術益急，分遣御史求方書，後服方士王金等所獻丹藥，遂崩。廟號：世宗，年號：嘉靖，在位四十五年（1521～1566）有餘（臧勵龢《中國人名大辭典》頁五七四·三）。②

明穆宗莊皇帝，名朱載垕（世宗三子）。旣即帝位，召用建言得罪諸臣，死者卹錄，方士悉付法司治罪。許俺答封貢，減賦息民，邊陲寧謐，稱繼體守文之主。在位六年（1567～1572）崩，廟號：穆宗，年號：隆慶（臧勵龢《中國人名大辭典》頁五七六·三）。③

明神宗顯皇帝，名朱翊鈞（穆宗第三子）。帝遣中官開鑛，凡富家巨族，則誣以盜鑛，良田美宅，則指爲下有鑛脈，卒役圍捕，辱及婦女，群臣屢諫，帝不聽。又增設各省稅使，由是民不聊生，變亂蠭起。時清兵強盛，屢侵邊境，始命熊廷弼經略遼東。在位四十八年（1572～1620）崩，廟號：神宗，年號：萬曆（臧勵龢《中國人名大辭典》頁五七五·四）。④

綜據《明史》（本紀）窺之，於正德、嘉靖、隆慶、萬曆四朝皇帝，評析其行止如次，以供史家查考。

明武宗（朱厚照）正德皇帝，乃史上最出名"頑童皇帝"。

平生縱情淫樂，重用劉瑾（擅權專決），使得政壇"烏煙瘴氣"，以致全國"民不聊生"。

明世宗（朱厚熜）嘉靖皇帝，奉信道教，妄求長生，耗巨資齋醮。而寵用嚴嵩，致使全國上下"政以賄成"，"貪殘成習"，百姓"家家皆淨"（嘉靖）也。

明穆宗（朱載垕）隆慶皇帝，庸碌無能，無所事事，以"好色"、"貪財"、"多欲"著稱。在位六年，議論沸騰，政潮迭起，社會各種衝突激烈，就號稱"富饒"的江南，亦十室九空耶。

明神宗（朱翊鈞）萬曆皇帝，於親政後"酒色財氣"俱全，年紀輕輕，更大修壽宮，對百姓"敲骨吸髓"，莫讓小民有"升斗"之需。

於是顯見，海瑞身歷這四個皇朝，皆具有共同而突出的特色，分別臚著如次，以供史家參考。

甲、全國政壇，呈現整體性腐敗。

乙、官場上，貪殘風尚盛行。

丙、百姓，處於"水深火熱"之中。

緣自嘉靖（明世宗）後期，中經隆慶（明穆宗），迨萬曆（明神宗）前期，亦就是從海瑞任官時起，直到病卒留都（南京）。在這三十多年間，朝廷當權的首輔：嚴嵩、徐階、李春芳、高拱、張居正、張四維、申時行、王錫爵，分別著述如次，以供史家查考。

嚴　嵩（1480～1569），字惟中、介谿、勉庵，室名：鈐山堂，江西省袁州分宜縣人。明孝宗弘治十八年（1505）乙丑科進士（二甲二名），授編修。世宗時，累官太子太師，居首

輔，專橫國政十八載。恃寵攬權，陷害忠良，貪賄賂，親僉
邪，徧引黨羽居要津。久之，帝寖厭嵩，令致仕歸，老病以
卒。工詩古文辭，著有《歷官表奏》（十二卷）、《鈐山堂
集》（臧勵龢《中國人名大辭典》頁一七六八·三）。

　　清·張廷玉《明史》（卷三〇八·嚴嵩傳）、王鴻緒《明史
稿》（卷二八六），明·焦　竑《國朝獻徵錄》（卷十六），
皆載有傳。

　　徐　階（1503～1583），亦作：徐　堦，字子升，號少湖、
存齋，江蘇省松江府華亭縣人。明世宗嘉靖二年（1523）癸未
科進士（一甲三名），歷禮部尚書，東閣大學士。時嚴嵩爲首
輔，深嫉之，階智足相馭，嵩不能圖，嘗密疏仇鸞罪狀，鸞坐
得罪，外事嵩甚謹，內深自結於帝，卒逐嵩。盡反其行事，屏
絕苞苴，收召人望，優假言官，稗政多所匡救。後爲高拱所
扼，致仕歸，卒諡：文貞。著有《經世堂集》（二十六卷）、
《少湖文集》（七卷），與所編《岳廟集》，並行於世（臧勵
龢《中國人名大辭典》頁七九一·四）。

　　清·張廷玉《明史》（卷二一三·徐階傳）、徐乾學《明史
列傳》（卷六十一），明·焦　竑《國朝獻徵錄》（卷十
六）、黃宗羲《明儒學案》（卷二十七），有傳。

　　李春芳（1510～1584），字子實、號石麓，室名：貽安堂，
福建省興化府人。明世宗嘉靖二十六年（1547）丁未科進士
（一甲一名），以修撰超擢翰林學士，累官禮部尚書，參預機
務。性恭愼，居政府，持論平恕，不事操切，時人比之李時，
才力莫及，而廉潔過之。於明穆宗隆慶二年（1568）戊辰七
月，徐階致仕，拜內閣首輔，益務以安靜，旋進吏部尚書。

卒，諡：文定。著有《貽安堂集》（十卷），行於世（臧勵龢《中國人名大辭典》頁四〇六·三）。

清·張廷玉《明史》（卷一九三·李春芳傳）、徐乾學《明史列傳》（卷六二），明·焦竑《國朝獻徵錄》（卷十六）、王世貞《嘉靖以來內閣首輔傳》（卷五），皆載有傳。

高　拱（1512～1578），字肅卿、號中玄，河南省新鄭縣人。明世宗嘉靖二十年（1541）辛丑科進士（二甲十二名），選庶吉士，踰年授編修，累官文淵閣大學士，與郭樸同入閣，參與機務。始徐階甚親拱，引入直，拱驟貴。負氣，頗忤階，屢與之抗，以私怨逐胡應嘉，於是言路論拱者無虛日，拱不自安，被迫乞歸。

明穆宗隆慶三年（1569）己巳，復召拱爲大學士，益專橫，專與階修卻，然練習政體，負經濟才，所建白皆可行，累進柱國中極殿大學士。

明神宗（萬曆）即位，爲張居正、馮保所排，詔數拱罪而逐之，罷官家居數年卒，贈太師，諡：文襄。著有《高文襄公集》（四十四卷），梓刊行世（臧勵龢《中國人名大辭典》頁八八一·四）。

清·張廷玉《明史》（卷二一三·高拱傳）、徐乾學《明史列傳》（卷七四），明·焦竑《國朝獻徵錄》（卷十七）、王世貞《嘉靖以來內閣首輔傳》（卷六），皆載有傳。

張居正（1525～1582），字叔大、號太岳，湖北省江陵縣人。明世宗嘉靖二十六年（1547）丁未科進士（二甲九名），選庶吉士，受教於徐階。累官禮部尚書兼武英殿大學士，加少保兼太子太保。

　　明穆宗隆慶元年（1567）丁卯，而與高拱並相。於神宗萬曆初年，同宦官馮保合謀，逐高拱代爲首輔，加左柱國，改中極殿大學士，飭吏治、整邊備，綜核名實，信賞必罰，當政十年，海內稱治。帝稱之曰：元輔張少師先生，待以師禮，居正亦自負爲帝師。然與馮保相結，人謂居正傲上，而不免卑於馮保。父喪奪情，爲明所譏。卒，諡：文忠。著有《書經直解》、《太岳集》、《太岳雜著》、《帝鑑圖說》，暨《張文忠公全集》，流傳於世（臧勵龢《中國人名大辭典》頁九三八·一）。

　　清·張廷玉《明史》（卷二一三·張居正傳）、徐乾學《明史列傳》（卷七四），明·焦　竑《國朝獻徵錄》（卷一七）、王世貞《嘉靖以來內閣首輔傳》（卷七）、楊　鐸《張江陵年譜》、朱東潤《張居正大傳》，皆載有傳。

　　張四維（1526～1585），字治卿（又字：子維）、號午山、鳳磐，又號：五山秀才，山西省蒲州人（一作：河北省元城縣，民國併入大名縣）。明世宗嘉靖三十二年（1553）癸丑科進士（二甲八十六名），改庶吉士，授編修。萬曆間，以張居正薦，得爲禮部尚書，東閣大學士，入贊機務。謹事居正，不敢相違，居正卒，四維當國，力反前事，時望頗屬，卒諡：文毅。能曲，著有《雙烈記》、《章臺柳》傳奇各一本，並有《條麓堂集》，流傳於世（臧勵龢《中國人名大辭典》頁九二七·二）。

　　清·張廷玉《明史》（卷二一九·張四維傳），明·王世貞《嘉靖以來內閣首輔傳》（卷七），有傳。

　　申時行（1535～1614），字汝默，號瑤泉，晚稱：休休居士，江蘇省長洲縣人。明世宗嘉靖四十一年（1562）壬戌科進士（一甲一名），授修撰，歷左庶子，掌翰林院事。於萬曆中，累官吏部尚書，繼張四維爲首輔。政務寬大，世稱長者，然務承帝意，不能大有建立。

鄭貴妃生子常洵，頗萌奪嫡意，時行屢請建儲，不從，會內閣亦有疏入，首列時行名。時行方在告，密疏辨之。言官論其巧避首事，排陷同官，求罷歸，卒諡：文定，著有《賜閒堂集》（臧勵龢《中國人名大辭典》頁二〇五·四～二〇六·一）。

清·張廷玉《明史》（卷二一八·申時行傳），明·李紹文《皇明世說新語》（卷一、卷四）、顧祖訓《狀元圖考》（卷三），皆載有傳。

王錫爵（1534～1610），字元馭、號荊石，室名：賜書堂，直隸太倉州（今江蘇省太倉縣）人。明世宗嘉靖四十一年（1562）壬戌科進士（一甲二名），授編修。萬曆初，掌翰林院，張居正奪情，將廷杖吳中行等，錫爵造居正喪次切言之，進禮部右侍郎。居正甫歸治喪，九卿亟請召還，錫爵獨不署名。

累官禮部尚書，兼文淵閣大學士，首請禁詔諛，抑奔競、戒虛浮、節侈靡、闢橫議、簡工作，帝咸褒納。時冊立久不行，錫爵切諫，不報。及爲首輔，以擬三王並封旨，爲言官所攻。乃自劾乞罷，不許，改吏部尚書，卒諡：文肅。著有《王文肅集》，暨《疏草》（臧勵龢《中國人名大辭典》頁一五二·一）。

清·張廷玉《明史》（卷二一八·張錫爵傳），明·李紹文

《皇明世說新語》（卷八）、焦　竑《國朝獻徵錄》（卷一七），皆載有傳。

海瑞在朝同僚好友淵緣關係，恩情深重者有之，生死知交者亦有之，而相尚以道者，更是不勝枚紀，謹擇其要者，分著如次，以供查考。

朱　衡（1512～1584），字士南、又字：惟平、號鎮山，江西省萬安縣人。明世宗嘉靖十一年（1532）壬辰科進士（三甲七七名），累官工部尚書，經理河道。在部禁止工作，裁抑浮費，所節省甚衆。性強耿直，遇事不撓，不爲張居正所喜。於明神宗萬曆初年，言官劾其剛愎，無人臣禮。乞休歸卒，著有《道南源委錄》、《朱鎮山先生集》（臧勵龢《中國人名大辭典》頁二六七‧三）。

海瑞在宦海中，恩情最重者，朱鎮山也。於南平縣儒學教諭時，郡守諸大夫視察，進入明倫堂，獨海教官長揖不跪，爲上司所不滿，遂辭職告休。然福建學憲朱衡慰留（器重其才），並調「正誼書院」修書。後任吏部侍郎（管銓敘官吏之副部長），力薦海瑞任興國知縣、戶部雲南司主事。進工部尚書（管建築工程之部長），更鼎力支持海瑞治理吳淞江與白茆河的水利工程，得以順利完成。

清‧張廷玉《明史》（卷二二三‧朱衡傳）、徐乾學《明史列傳》（卷七八），明‧焦　竑《國朝獻徵錄》（卷五○），皆載有傳。

陸光祖（1521～1597），字興繩、號五臺，浙江省平湖縣人。明世宗嘉靖二十六年（1547）丁未科進士（三甲一九四名），於萬曆中累遷工部右侍郎，以議漕糧改折，忤張居正，引疾歸。居正沒，復起，官至吏部尙書，以推用饒伸，萬國欽忤旨，求去。

光祖練達朝章，每議大政，一言輒定。再居吏部，推舉人材，不念舊惡，人服其量，卒諡：莊簡，著有《莊簡公存稿》（臧勵龢《中國人名大辭典》頁一一一四·四～一一一五·一）。

陸光祖任吏部文選司郎中（吏部之司長）時，海瑞由江西興國知縣，內調戶部雲南司主事，亦得力於光祖也。

清·張廷玉《明史》（卷二二四·陸光祖）、徐乾學《明史列傳》（卷八○），明·焦　竑《國朝獻徵錄》（卷二五）、劉應鈳《萬曆　嘉興府志》（卷之一九·鄉賢二·平湖縣），皆載有傳。

鄧　棟，字純吾、又字：少隆、號澄庵，湖廣漢川人，著籍浙江臨海。明世宗嘉靖二十九年（1550）庚戌科進士（三甲二一四名），授行人司行人，陞兵科給事中，直言著聲。歷山東副使、廣東巡撫，終任苑馬寺卿，官至山西行大僕寺卿致仕。著有《澄庵集》，流行於世。

明神宗萬曆十二年（1584）甲申歲十二月，於廣東巡撫任內，一再舉薦海瑞，奉准召用，官復原職，並浹歲三遷，咸屬睿眷矣（海瑞〈啓鄧純吾〉，收在《海忠介公全集》卷之五·書簡）。

明·蕭　彥《掖垣人鑑》（卷一四／頁二八下），清·洪若皐《康熙　臨海縣志》（卷之五·選舉志·進士·明），皆載有事略。

王　國，字之楨，陝西省耀州人。明神宗萬曆五年（1577）

丁丑科進士（三甲一一四名），選庶吉士，歷官御史。張居正病篤，薦其座主潘晟入內閣，國抗言不可，寢其命。又極論中官馮保罪，首輔申時行欲置所不悅者十九人察典，國亦力持。調外，得四川副使，移疾歸，久之，起故官，累進右都御史、巡撫保定。

王國性剛介，與弟吏部侍郎王圖，並負時望，為黨人所忌，乞休歸卒（臧勵龢《中國人名大辭典》頁一一八·四）。

清·張廷玉《明史》（卷二三二·王國傳）、徐乾學《明史列傳》（卷八一·頁二五下）、汪　灝《乾隆　續耀州志》（卷六·人物志·剛介），皆載有傳或事略。

郭惟賢，字哲卿、號希宇，福建省晉江縣人。明神宗萬曆二年（1574）甲戌科進士（三甲三十一名），自清江（江西）知縣，拜南京御史。張居正死，惟賢請召吳中行、趙用賢等，謫江山縣丞。後還故官，復因疏救董基忤旨，調南京大理評事，歷陞戶部左侍郎，卒贈右都御史，諡：恭定（臧勵龢《中國人名大辭典》頁一〇五二·一）。

清·張廷玉《明史》（卷二二七·郭惟賢傳）、徐乾學《明史列傳》（卷八十一）、方　鼎《乾隆　晉江縣志》（卷之九·人物志·列傳），載有事略。

王繼光，字于善、號泉皋，山東黃縣人。明神宗萬曆五年（1577）丁丑科進士（三甲五名），授中書舍人，歷戶科、禮科給事中。累官僉都御史，巡撫四川，卻饋遺禁浮冒，一切羨餘公費，皆留充兵餉。年甫強仕，以母老告歸，母卒不復出，悉以遺產讓其弟。

明·蕭　彥《掖垣人鑑》（卷十六·頁二一），清·孫葆田

《宣統 山東通志》（卷一六○·人物志十一·歷代名臣），
皆載有傳略。

案：孫葆田《山東通志》（人物志十一·歷代名臣·明）
作：王繼先。

王 亮，字樨玉、又字：茂大、號樓峰，浙江省臨海縣人。
明神宗萬曆五年（1577）丁丑科進士（三甲一一九名），釋褐
進賢（江西令），以強項聞。時張江陵（居正）柄政奪情，永
豐老儒梁汝元，以詩投居正，勸其終制，且揚言入都面斥之。
居正怒，授指有司，會湖廣貴川界，獲妖人曾光竄入汝元姓
名，云謀不軌，擒解赴京，道出進賢公，手釋其縛，給以輿
夫，居正聞之怒刺骨，六年不調。

迨居正歿，授兵科給事中，遇事敢言，首袪江陵弊政，請召
用言事被逐諸臣鄒元標等。並論居正子（嗣修），以代筆得中
進士事，疏上公論大快，時執政曾主會場深忌之。外轉湖廣僉
事，丁父憂服闋，補四川驛傳道，適秦中饑，官兵鼓噪，邊寇
告警。陞苑馬少卿，管兵道事，分巡陝西，兼程赴平涼，賑饑
民安叛兵，躬詣邊城籌畫戰守機宜，會寧夏復叛，奉命協討，
條議行反，間造雲梯用水攻，兩臺交薦，有邊方材不報，事平
賜銀幣而已，久之竟以詿誤落職，終福建運鹽同知。公任直道
觸世忌，投閒林下十餘載，卒於家，著有《王樨玉集》。

明·蕭 彥《掖垣人鑑》（卷一六·頁二四下），張 寅
《民國 臨海縣志稿》（卷之十九·人物·名臣），載有傳
略。

王用汲（1528～1593），字明受，福建省晉江縣人。明穆宗
隆慶二年（1568）戊辰科進士（三甲一○四名），官戶部員外

郎。萬曆間，張居正歸葬其親，湖廣諸司畢會，巡按御史趙應元獨不住，被劾除名。用汲不勝憤，乃上言之，居正大怒，削用汲籍。居正死，累官南京刑部尚書，爲人剛正，遇事敢爲。卒，諡：恭質（臧勵龢《中國人名大辭典》頁八六·三）。

海瑞病逝留都（南京），僉都御史王用汲入視，葛幃敝簏，僅存俸銀十餘兩，舊袍數件，其清貧苦境，爲寒士所不堪者。因而泣淚，率諸御史暨同鄉捐金，以作殮葬之用。時海氏無子姓兄弟在側，媵僕愚弱，不能任事。其更衣、沐浴、含斂，皆王御史全力襄治也。

清·張廷玉《明史》（卷二二九·王用汲傳）、徐乾學《明史列傳》（卷八十二）、黃鳳翔《田亭草》（卷十六·恭質王公行狀）、方　鼎《乾隆　晉江縣志》（卷之九·人物志·列傳），皆載有傳。

何以尙，字仁甫，廣西省興業縣人。明世宗嘉靖三十一年（1552）壬子科舉人，初授江西省建昌縣儒學教諭，陞國子學正。於世宗時官戶部司務，疏請釋海瑞受杖錮獄，已得釋，又以劾高拱坐謫，遂辭病歸。及拱罷，言官薦擢雷州司理，歷戶部主事、光祿少卿、大理寺丞，仕終鴻臚寺卿。

何以尙氏，生性恬淡，屢辭乞休，上嘉之，詔晉大僕寺卿，致仕歸。及卒，上遣官諭祭，於身後哀榮，矜飾極致焉。

按《明史》標榜曰：始救海瑞者，何以尙也（清·張廷玉《明史》卷二二六·海瑞傳附）。

顧允成（1554～1606），字季時、號涇凡，江蘇省無錫縣人。性耿介，厲名節。明神宗萬曆十四年（1586）丙戌科進士（三甲二二三名），殿試對策，語侵鄭妃，執政駭且患，寘未第焉。

　　會房寰疏詆海瑞，允成偕同年生抗疏劾寰，坐奪冠帶還家。後起南京教授，累遷禮部主事。三王並封，偕同官合疏諫，不報，後以忤閣臣張位，謫光州判官，乞假歸，與兄憲成，講學東林，不復出。著有《小辨齋偶存》（八卷），附《事定錄》（三卷）行世（臧勵龢《中國人名大辭典》頁一七八八·二）。

　　清·張廷玉《明史》（卷二三一·顧允成傳）、徐乾學《明史列傳》（卷八五）、斐大中《光緒　無錫金匱縣志》（卷二一·儒林），明·黃宗羲《明儒學案》（卷六〇）、陳濟生《天啓崇禎兩朝遺詩傳》（卷四），皆載有傳。

　　彭遵古，字旦陽，湖廣麻城（今湖北省黃安縣）人。明神宗萬曆十四年（1586）丙戌科進士（二甲十七名），與顧允成友善，耿介勵名節。當釋褐初，會南御史房寰，連疏詆都御史海瑞，遵古同允成，諸壽賢抗疏爭之，略言寰妒賢醜正，不復知人間羞恥事，臣等自幼讀書，即知慕瑞以爲當代偉人，寰大事貪污聞，瑞之風宜愧且死，反敢造言逞誣臣等行爲，痛心因劾其欺罔七罪始，寰疏出朝野多切齒，而政府庇之，但擬旨譙讓及得遵古等疏，謂寰已切責不當，出位妄疏奪三人冠帶還家，省愆久之。遵古以御史言起用，後屢官至光祿寺少卿。

　　清·張廷玉《明史》（卷二三一·顧允成傳附）、英　啓《光緒　黃州府志》（卷之二〇·人物志·宦績上·黃安縣），載有傳略。

　　諸壽賢，字延之、號敬陽，直隸（今江蘇省）崑山縣人。明神宗萬曆十四年（1586）丙戌科進士（二甲二六名），甫釋褐，即疏請歸田，力學十年，然後從政，章寢不行。

　　會南畿督學房寰詆海瑞事起，壽賢偕同年生：顧允成、彭遵古，抗疏劾寰，坐妄奏奪冠帶。後起爲教授，洊擢禮部主事。遘疾歸，授徒自給以終，享年七十一歲（臧勵龢《中國人名大辭典》頁一六〇八·三）。

　　清·張廷玉《明史》（卷二三一·顧允成傳附）、徐乾學《明史列傳》（卷八五·頁九下）、金吳瀾《光緒　崑新兩縣續修合志》（卷二四·人物·列傳），載有事略。

　　徐常吉，字士彰，直隸（江蘇省）武進縣人。明神宗萬曆十一年（1583）癸未科進士（三甲一五一名），累官戶科給事中。時南畿提學御史房寰詆陷海瑞，首由吏部顧允成《三進士申救疏》後，徐續上疏痛斥房寰、鍾宇淳之惡跡劣行，申救海瑞。

　　徐常吉氏，以清廉聞名，遷浙江按察司僉事，未任卒。著有《事詞類奇》、《六經類聚》（四卷）、《四書原旨》、《詩翼說》、《遺經四解》。

　　臧勵龢《中國人名大辭典》（頁七八九·一）、楊家駱《四庫大辭典》（頁五一七·一），有載。

　　海瑞奉召復官（浹歲三遷）重用，甫抵任，鑑於“吏治腐敗”，乃上疏神宗（朱翊鈞）萬曆皇帝，直陳“治安”要機，在使官吏廉潔，於“貪官污吏”，必須嚴刑懲罰（奏用高皇帝懲貪墨重典者也），以正世道矣。

　　時南都直隸提學御史房寰，“貪贓枉法”（凌士納賄、恣睢狼籍），恐被海瑞揭發，反先疏劾之。瑞亦疏辨，上覆“照舊供職”。房再疏言海瑞「大奸極詐，欺世盜名，誣聖自賢，損君辱國」，極其詆誣，疏寢不下。於是顧允成、彭遵古、諸壽賢、徐常吉，相續疏劾房寰，痛斥"惡跡劣行"，以申救海瑞也。

王弘誨（1541～1616），字紹傳，號忠銘、晚號：天池，廣東省定安縣（今隸海南省）人。明世宗嘉靖四十四年（1565）乙丑科進士（三甲八九名），選任庶吉士。歷官：翰林院檢討、編修，會試同考官、北廱國子監司業、南畿國子監祭酒、北京吏部左侍郎、南京禮部尚書。

初釋褐，值海瑞廷杖下詔獄，力調護之。張居正當國，曾作〈火樹篇〉、〈春雪歌〉以諷，為居正所銜。著有《尚友堂稿》、《南溟奇甸集》、《吳越游記》、《來鶴軒集》、《天池草》、《居鄉約言》、《文字談苑》、《國朝名錄》傳世。卒贈太子少保，遣官賜祭葬。

明·黃　佐《南廱志列傳》（卷一九），清·阮元《道光廣東通志》（卷三百二·列傳三十五·瓊州二）、張岳崧《道光　瓊州府志》（卷之三四·人物志·名賢下）、吳應廉《光緒　定安縣志》（卷之六·列傳志·人物·明）、陳德鑫《定安縣人物錄》（頁三～五），皆載有傳或事略。

梁雲龍（1528～1606），字會可、號霖宇（又作：霖雨），廣東省瓊山縣（今隸海南省海口市瓊山區）人。明神宗萬曆十一年（1583）癸未科進士（三甲二七一名），授兵部武庫司主事。歷任貴州典試，擢升都察院右副都御史，續升副使、參政，後調隴右分守，備兵莊浪，中蜚語解任。後因荊楚苗藩迭變，復委任荊南布政使，陞湖廣巡撫，提督軍門，授奉一品。卒於官，贈兵部左侍郎，賜祭葬。著有《背水戰書》、《海忠介公行狀》、《梁中丞集》、《塞上曲》、《蕩空松山銘文》、《中丞遺集》（一卷）。

清·阮　元《道光　廣東通志》（卷三百二·列傳三十五·瓊州府二）、張岳崧《道光　瓊州府志》（卷之三四·人物志二·名賢下）、王　贄《康熙　瓊山縣志》（卷之七·人物志·鄉賢），載有傳或事略。

許子偉（1555～1613），字用一，號南旬，廣東省瓊山縣（今隸：海南省海口市瓊山區）人。明神宗萬曆十四年（1586）丙戌科進士（三甲一三七名），授官行人司行人。翌年（1587）丁亥，海瑞卒於南京任上，奉遣扶櫬回瓊安葬。受命欽差擁喪，督造墳塋、齋、諭祭文之重任。於己丑（1589）春，御葬工竣，擢兵科左給事中，尋轉吏科左給事中。會念母老，請册封歸省，假期滿回京，授補戶科右給事中。因疏劾權貴，廷言忤帝旨，遭謫銅仁府（今貴州省銅仁縣為府治）經歷。憤而棄官，歸瓊養母，不再復出。於萬曆癸丑（1613）卒，享年五十八歲，諡：忠直。

許子偉氏，生性“忠貞、耿直、廉潔”，乃海瑞（忠介）之後，續有一位“骨鯁如鐵”諫臣。先後授任吏（抗顏諫諍，直聲大著）、戶（疏彈權貴，廷言忤旨）、兵（劾魏學曾，連戰失利，惑於招撫，有誤國事）三科給事中，在諫臣中資望崇高，殊獲朝廷器重，百司欽敬。

許氏，世稱：南旬先生。平生“關懷鄉里，造福桑梓”，熱心公益，持正風俗，重視教化，培育棟材。舉凡戚里貧乏者，多解囊相助，鄉里莫無稱頌。在京任職時，有鑑瓊人北來日衆，特與瓊籍官員何其義等商議，捐俸募資於京師創建「瓊州會館」，鄉紳士子覊旅稱便，邦人士林感之。

　　許子偉氏，歸瓊家居期間，值盜寇猖獗，貽書當事，請遣官兵勦捕，民得以安居。時內使開採珠船，大肆“科派瓊珠，役以萬斛”，子偉力言“得減其數”。並置儋州義學，開府城敦仁書院，掌教文昌玉陽書院，建海口（下洋）昌明塔，以植文風，後學多有成就。

　　許氏，學識淵博，遺著有《諫垣錄》、《警覺語》、《廣易通》、《敦仁編》、《文編吟草》、《給諫集》（一卷），暨《許忠直集》（後人輯者）。

　　清·阮　元《道光　廣東通志》（卷三百二·列傳三十五·瓊州府二）、張岳崧《道光　瓊州府志》（卷之三四·人物志二·名賢下）、王　贄《康熙　瓊山縣志》（卷之七·人物志·鄉賢），載有事略。

　　海瑞與鄉親王弘誨、姪女婿梁雲龍、門下許子偉，同朝為官，相知至交，過從親密，相互扶持，情深義重耶。

　　綜窺海瑞（忠介）氏，於宦途中浮沈與順逆，最重要而關鍵人物，當推掌握國政大權之首輔，具有莫大的關係。就其相關史料分析，海瑞與各首輔間恩怨，以說明海瑞在宦途中，所遭遇的“有幸”或“不幸”情境。

　　嚴　嵩，乃明代大奸臣，專權國政十八年，貪贓枉法，遍佈黨羽，陷害忠良。然海瑞與嚴氏父子，並無直接恩怨，惟爪牙胡宗憲和鄢懋卿，則極為惱恨。於世宗嘉靖後期，海瑞謁選南平縣學教諭，擢升淳安縣知縣，皆在嚴嵩當政期間，本有調升嘉興府通判之命，唯因鄢懋卿暗使袁淳，挾恨舉劾，故調任未成，即為顯例。

　　徐　階，為人鄉愿，做事圓滑，凡事不得罪人。唯與高拱

（大學士）不睦，緣由海瑞不察，語及高拱，致被銜恨在心。於海瑞調任興國縣知縣、陞戶部主事（上〈治安疏〉下詔獄，時徐階有所呵護。穆宗立，遣詔復官）、尋調兵部主事、晉擢尚寶司丞、大理寺右丞（尋轉左丞，奉使波羅）、陞南京通政司右通政使（提督騰黃），均係徐階當權時代。然海瑞巡撫吳蘇十府，時階乞休鄉居，子僕仗勢橫行，訟案累積如山，海氏秉公審理，且親函徐階，請飭子侄將奸利所獲田地，悉數歸還鄉民。於是得罪徐階，並串通戴鳳翔劾瑞，使其疏告養病，乞賜歸瓊，休居十五年。由是顯見，徐階與海瑞之恩怨關係。故譏其言：海瑞得助者徐階，受誣者亦徐階也。

李春芳，性情和平，操守廉潔，是位好官。徐階致仕後，拜內閣首輔。海瑞於穆宗隆慶三年（1569）六月，調任右僉都御史巡撫應天十府，係在李春芳當政期間。於《海忠介公全集》（卷之五‧書簡），錄有海瑞給李春芳書函，便可窺見兩人間之關係。

高　拱，為人度量狹窄，奸詐陰險。始徐階親拱，薦入直，拱驟貴。終未與合作，負氣忤階，屢與頡頏。曾授意御史齊康（門生）劾階，故九卿科道劾拱者更衆。海瑞亦疏罪齊康，且語及高拱（致被銜恨在心），方被迫稱病乞歸。於穆宗隆慶三年（1569）己巳十二月，高拱復被入閣、兼掌吏部。時海瑞巡撫應天十府，適逢給事中戴鳳翔疏劾「瑞庇奸民，魚肉縉紳，沽名亂政」，這給高拱報仇之絕佳機會，於海瑞安得不丟官，故疏告養病乞歸返籍，亦可說是戴鳳翔與高拱內應外合迫害所致。於是顯見，高拱之為人，曁與海瑞怨恨關係。

張居正，受教於徐階，後引薦入閣，穆宗崩，高拱被罷黜，拜爲內閣首輔，柄國十載。雖稱屬精圖治，然置私人（王篆、傳作舟）於留都（南京），皆納賄招權，曲庇不肖有司爲奸利，吏治大壞。復以父喪奪情，導致物議沸騰。時海瑞歸里家居深山，雖各方交相推薦，唯因張有所猜忌，始終不敢起用，甚致密派御史渡海，暗察海瑞氏言行。按張居正與海瑞，同在隆慶朝爲官，應相互認識，恐無私交情誼，故未必有直接恩怨關係。

依清·張廷玉《明史》（卷二一三·本傳）、暨王鴻緒《明史稿》（列傳九二）載「張居正攬權專橫，且行爲不合守孝古禮。」於史籍中，貶多於褒。卒後未滿一載，卻遭清算抄家，足見張氏之爲人。復據黃秉石〈海忠介公傳〉（養貞第五章）窺之，張居正氏，必然不肯起用海瑞，更不敢召復官職矣。

張四維，於明神宗萬曆十年（1582）壬午六月，張居正病故後，續拜內閣首輔，未逮一載，在萬曆十一年（1583）癸未四月離職。時海瑞家居瓊山，與首輔張四維氏，並無任何瓜葛及恩怨關係。

申時行，蘇州府長洲（今併入吳縣）人。海瑞任應天巡撫治吳時期，申氏乃吳中仕紳，且在朝爲官，實係舊識。於神宗萬曆十三年（1585）乙酉正月，奉召復任南京右僉都御史（正四品）。赴任途中又奉調南京吏部右侍郎（正三品），五月到任。迨萬曆十四年（1586）丙戌二月，再調陞爲南京都察院右都御史（正二品）。浹歲三遷，皆在申時行氏任首輔期間，且係得力薦舉人之一。故海瑞與申時行，不僅有關係，且有恩於海瑞耶。

王錫爵，江蘇太倉人。於明神宗萬曆十二年（1584），至萬

曆十三年（1585）間，內閣大學士爲申時行、許國、王錫爵、
王家屏，而王與申係江蘇同鄉（在當時政治上，可說是同一
派）。海瑞與王錫爵屬舊識，於明神宗萬曆十三年（乙酉）正
月復出，王亦係得力薦舉人之一。於是顯見，海瑞與申時行、
王錫爵二人，具有深厚的淵源關係。

　　海瑞（忠介）氏，雖係明代中後期傑出政治家，亦是超凡特
出的廉吏，更是勤政愛民的好官，唯窺其平生事業與作爲，暨宦
場上遭遇政事環境，殊有莫大關聯性。更受當政權國之內閣首輔
所支配與限制，這是鐵的事實。

　　海瑞於明世宗嘉靖四十五年（1566）丙寅十二月起，至明穆
宗隆慶四年（1570）庚午春三月底止。這三年餘之間，在宦場上
能得順利發展，乃獲當時首輔徐階與李春芳的支持，暨工部尚書
朱衡鼎力協助，先後完成吳淞江和白茆河疏濬工程。於是吳民永
賴，年穀豐收，樂利無窮，創三吳所未有。是爲海瑞大功，乃官
途中"登峰造極"時代。

　　海瑞在明穆宗隆慶四年（1570）庚午歲四月，遭奸小誣陷，
被迫離任巡撫應天，疏告養病，乞賜回里，是爲高拱復出，掌理
吏部兼大學士所逼害。而海瑞家居十五載，各方具疏特薦，遲未
復被起用，是因張居正任內閣首輔，柄國攬權專橫，而有所疾忌
怨恨之故。於是顯示，是爲海瑞沉潛時期，於國政與百姓來說，
更是莫大的損失，殊深憾惜矣。

　　海瑞於明神宗萬曆十三年（1585）乙酉歲正月復出，召爲南
京右僉都御史，旋任南畿吏部侍郎兼署吏部尚書，復有南京都察
院右都御史之命。是時柄政首輔申時行，內閣大學士王錫爵，皆
係吳蘇舊識，尤以海、王之性情相近，且係張居正的反對派。是

故，海瑞被起用及樂意復出，且浹歲三遷，然年事高體多疾，未幾病卒留都，慟哉！

　　綜窺海瑞一生的抱負與理想，尤其在宦途中浮沈和順逆，莫無與柄政之首輔及大學士，相互間淵源及恩怨關係，其影響至深且鉅耶。

　　注①清・張廷玉《明史》（卷十六，本紀十六・武宗）

　　注②清・張廷玉《明史》（卷十七～十八，本紀十七～十八・世宗）

　　注③清・張廷玉《明史》（卷十九，本紀十九・穆宗）

　　注④清・張廷玉《明史》（卷二〇～二一，本紀二〇～二一・神宗）

　　注⑤張　寅《民國　臨海縣志》（卷八・人物二・宦業）

卷之一　家　世

海氏，顧名思義，蓋是「指海爲氏」而來。其得姓歷史當有兩千五百年以上，乃中華民族諸多古老姓氏之一，故源流久遠，出自黃帝，天子之後裔也。

一、海氏姓考

海氏，源自黃帝，系承海春，望出薛郡。就《元和姓纂》、《姓氏考略》、《郡望百家姓》、《萬姓統譜》、《姓苑》、《姓源》，暨相關文獻史料，綜著於次，以供方家查考。

黃帝後裔：黃帝庶子禺陽玄孫，世居南海爲海司，後因以海爲氏（見《姓源》載）。

案：秦代南海郡，今廣東省（除西南部外）皆其地，治番禺（今番禺縣）。

海春後裔：春秋時期，衛靈公臣海春之後，蓋指海爲氏（見《姓苑》、《姓氏考略》載）。

案：衛靈公，乃春秋時代，衛獻公之孫（名：元），在位四十二年，卒諡：靈，史稱：衛靈公。

海春，係衛靈公之臣子，一說：海春爲齊國人。其地望分布，有望出齊郡、薛郡。

海氏，望出齊郡（見《郡望百家姓》載）、薛郡（見《姓氏考略》載），尤以"薛郡"爲著，分述於次：

　　　　齊郡：西漢初年，將臨淄郡改爲"齊郡"。相當於今山
　　　　　　　東省臨淄縣一帶。

　　　　薛郡：秦王政二十四年（223 B. C）戊寅，治所魯縣，
　　　　　　　在今山東省南部曲阜市一帶。漢代，改爲魯國。

　　海氏，系承海春，望出薛郡。是以"薛郡"爲世代相傳之堂
名（郡號），亦係普遍被採認爲共同祖先（見《千家姓》薛郡
族）。其"楹聯"如次，以供查考。

大理卿畢生忠介（海瑞）①

慈光寺詩思清新（海印）②

注①：海瑞（1513～1587），字汝賢，號剛峰，世稱：剛峰先生，明·

　　　瓊山人。歷官：戶部主事、右僉都御史、巡撫應天十府。爲官潔

　　　身廉介，嫉惡如仇，銳意興革，打擊豪強。官至南京吏部右侍

　　　郎，署吏部尚書。卒諡：忠介（忠誠耿直）。

　　　大理卿：掌管刑獄的官署大理寺之主要官員。明代大理寺會同刑

　　　部、都監院、處理重大司法案件。都監院的負責官員，稱爲都御

　　　史。海瑞曾任右僉都御史，故稱"大理卿"。

注②：海印，宋代法師，爲慈光寺主持，有詩名。

　　然海南史學者認爲海瑞遠古先祖：海俅，乃信奉伊斯蘭教波
斯人，係自阿拉伯國家來中國經商的民族，其時泉州、福州、廣
州，都是中國著名的通商口岸，海外香料和各種奇珍異貨，通過
商人運往朝廷和全國各地，亦帶回中國茶葉、瓷器珍玩。

　　至南宋末年，大都在福建沿海定居，其中一人，按照中國習

俗，譯音：姓海、名俅，後遷居番禺，並官指揮，故爲番禺人。

朱元璋建立大明王朝，開國初年，海遜之任廣東衛指揮使（正三品武官，統領五千六百人）。洪武十六年（1383）癸亥，海答兒從軍來海南，定居瓊山，與漢人通婚，融化漢人生活習慣。除"海答兒"名字與漢姓有明顯區別，遺留有阿拉伯伊斯蘭教回民烙印外，可說是完全漢化。

海氏家族，由海寬中舉人，銓選福建松溪知縣、海澄中進士，海瑞中舉人，累官南京都察院右都御史。於代有傳人，不但海南赫赫有名，就全國亦家喻戶曉（參見《粵東正氣——海瑞》頁 10～15，閻根齊、陳濤，二〇〇八年四月，海口市，南方出版社、海南出版社）。

海氏，得姓時間雖早，唯在中國早期歷史上，卻籍籍無名。迨唐代，海鵬氏，著有《草經》（一卷），方爲人所知。於皇明中葉，正德至萬曆年（1513～1587）間，名臣（廉吏）海瑞（世稱：海青天），名揚古今，無人不曉。

二、在粵世祖

海氏，雖非中原旺族，惟其族人分佈頗廣，逐向全國其他地區播遷，尤以南方之福建、廣東一帶，大都有其族親。然居閩者，斑斑有見，唯世遠而文獻無徵，難詳稽考矣。

海瑞（忠介）公之先世，由閩來粵，隸籍番禺，乃爲番禺人。於明太祖（朱元璋）洪武十六年（1383）癸亥，有從軍海南者，著姓於瓊（今海南省），遂籍瓊山（今隸海口市），世居西郭外（海口‧左所）下田村，與丘濬（文莊）公同里也。其在粵之先祖，分著於次，以供查考。

　　始　祖：海　俅，上世（南宋）官指揮，以軍功世襲廣州衛，由閩來廣，隸籍番禺，乃爲番禺人也。

　　　　妣：楊氏，生一男：海鈺。

　　二世祖：海　鈺，海俅之子，惠來訓導。

　　三世祖：海甫震，海鈺長子。庠士，子：海遜之。

　　　　　　　海甫雲，海鈺次子。

　　四世祖：海遜之，海甫震之子。子：海答兒。

　　五世祖：海答兒，海遜之之子。明太祖洪武十六年（1383）癸亥，從軍海南，立籍於瓊（今名：海南省），卜居瓊山（今併入海口市，改爲瓊山區），乃入瓊始祖也。

　　海瑞（忠介）公之先祖，在粵世系表，簡示之，如次：

始　祖	二世祖	三世祖	四世祖	五世祖
海　俅 →	海　鈺	長子|海甫震 →	海遜之 →	海答兒
		次子|海甫雲		

　說　明：

一、本〈海氏世系表〉：海俅（波斯人，回族），於南宋末年，定居福建，後遷番禺，曾官指揮，故爲番禺人。

二、海氏，緣自南宋末年，中經元代，迨明洪武十六年（1383）癸丑，海答兒從軍入瓊，落籍瓊山。其間約有二百四十多年，似有四、五代，於〈海氏世系表〉未加紀載。

三、明‧梁雲龍〈海忠介公行狀〉載「洪武十六年，答兒從軍海南，著姓於瓊，遂爲瓊山人。」清‧張岳崧《道光

瓊州府志》（卷之三十四·人物志二·名賢下／明·
海瑞傳），暨王國憲《民國 瓊山縣志》（卷之二四·
人物志·列傳／明·海瑞傳）亦載「先世隸籍番禺，洪
武十六年，有答兒者從軍海南，著姓瓊山。」然與《海
氏族譜傳》（海瑞家譜）作「海答兒原籍廣東番禺，於
明太祖洪武七年（1374）甲寅，從軍來海南，立籍海
口」。其年次不同，特誌於茲，以供方家查考。

三、入瓊世代

　　海　瑞（忠介）公之先世，由閩來粵，隸籍番禺，乃爲番禺
人。於明太祖洪武十六年（1383）癸亥，有從軍海南者，著姓於
瓊，遂爲瓊山人，世居西郭外（海口·左所）下田村，與丘文莊
公同里也。

　　海瑞公一族，自粵渡海入瓊，世代蕃衍，代有傳人，著有成
就。首依各世代，分著於次，以供查考。

　　入瓊始祖：海答兒，乃海瑞公之高祖也。

　　海答兒，海遜之之子。明太祖洪武十六年（1383）癸亥，
從軍海南，立籍於瓊，卜居瓊山（下田村），乃入瓊始祖也。
不數傳而後族親蕃衍，科甲繼起，遂爲海南望族矣。

　　子四：海福　海寧　海宇（乏嗣）　海信（乏嗣）

　　一　世：海答兒之子，海福、海寧、海宇、海信，乃海瑞公
之曾祖也。

　　海　福，海答兒長子，以子海寬，敕封松溪縣知縣。

　　海　寧，海答兒次子。

海　宇（乏嗣），海答兒三子。

海　信（乏嗣），海答兒四子。

二　世：海福之子，海寬，乃海瑞公之先祖也。

海　寬，字松谿，海福之子，以經行聞。於明景宗景泰七年（1456）丙子科舉人（會同縣學中式），授福建省松溪縣知縣。

子八：海深　海浩　海泌　海渝　海潮　海浴

海沂　海瀚（海瑞公之先君）

三　世：海寬之子，海深、海浩、海泌、海渝、海潮、海浴、海沂、海瀚（海瑞公之先父）

海　深，海寬長子。

海　浩，海寬次子。生二子：海〇　海瑜

海　泌，海寬三子。

海　渝，海寬四子。

海　潮，海寬五子。

海　浴，海寬六子。

海　沂，海寬七子。

海　瀚，海寬八子（海瑞公之先君），字玉衡，稟貢生（榜名：海璇），天性警敏，讀書能明大義，不治生產，安貧樂道。後以子海瑞（忠介），贈承德郎，尚寶司丞，晉贈中憲大夫、南京通政司右通政使、都察院右副都御史。

妣：謝氏，年二十八而寡，矢志勵節，撫育遺孤。初封太安人，加封太恭人，晉封太夫人。

四　世：海瀚之子，海瑞（忠介）公也。

海　瑞，乃海瀚之子。明世宗嘉靖二十八年（1549）己酉科舉人，初授福建省南平縣教諭，擢浙江省淳安縣知縣，遷興國縣令。累官南京吏部右侍郎、署吏部尚書，南京都察院右都御史。卒贈太子少保兼吏部尚書，諡：忠介。

原配：王氏，封安人，繼封恭人。育二男一女（乃海瑞三女，適郡學生：周維誠）。

前取：許氏，生二女（長女適張　筠，蓮塘人。次女適林岳，林知縣之子），出（休棄）。

後取：潘氏，不越月亦出（與母不和）。

側室：邱氏，生一男。

側室：韓氏，未育子女也。

五　世：海瑞之子，海中砥、海中亮、海中期、海中適（繼子）、海鵬（從子）、海坤（祀子）。

海中砥，海瑞長子，明嘉靖三十五年（1556）丙辰歲生，王恭人出，年十一歲殤逝。

海中亮，海瑞次子，亦王恭人出，年九歲殤逝。

海中期，海瑞三子，側室邱氏出，年三歲少殤。

海中適，海瑞繼子，乃從弟海玥仲子，未立。

海　鵬，海瑞從子，明嘉靖二十五年（1546）丙午科舉人（先海瑞公登第），官廣西蒼梧知縣、梧州通判，陞同知。

海　坤，海瑜長子，海浩長孫，出繼海瑞（祀子）。

六　世：海坤之子，海惟宗（乏嗣）。

海惟宗，海坤之子。

七　世：海啓科次子，海思賢（海惟宗祀子）。

海思賢，海啓科次子，海中虛次孫，出繼海惟宗。

八　世：海思賢之子，海〇〇　海〇〇　海起晏海○○（佚名），海思賢長子。

海○○（佚名），海思賢次子。

海起晏，海思賢三子。太學生，官通判。

九　世：海起晏之子，海純之。

海純之，海起晏之子。

十　世：海純之之子，海思榮　海思寵。

海思榮，海純之長子。

海思寵，海純之次子。

十一世：海思榮之子，海清。

海　清，海思榮之子。

十二世：海清之子，海見龍、海見蛟、海見鵬、海見鯤。

海見龍，海清長子。

海見蛟，海清次子。

海見鵬，海清三子。

海見鯤，海清四子。

十三世：海見龍之子，海瓊珥、海瓊瑤、海瓊琰、海瓊○（佚名）。

海瓊珥，海見龍長子。

海瓊瑤，海見龍次子。

海瓊琰，海見龍三子。

海瓊○，海見龍四子。

十四世：海瓊珥之子，海光祖、海光明。

海光祖，海瓊珥長子。

海光明，海瓊珥次子。

案：海　晏，係海瑞之孫，以祖廕大學生。張岳崧《道光　瓊州府志》（卷之二十八·選舉志下·蔭襲），王國憲《民國　瓊山縣志》（卷之二十二·選舉志十二·蔭襲），有載。

　　緣於明太祖洪武十六年（1383）癸亥，有海答兒氏，自粵從軍海南，立籍於瓊，卜居瓊山之西郭外下田村（入瓊始祖）肇始，相傳至今，計十八、十九代，歷時七百年。於上所列舉者，乃海瑞（忠介）公之直系也。

　　此外，依據明·梁雲龍〈海忠介公行狀〉、海瑚〈海氏族譜序〉嘉靖十三年（1534）甲午歲夏月，暨清·莫見龍〈海氏族譜序〉三篇（載於王國憲《民國　瓊山縣志》卷之十九·藝文志）窺之，海氏一族，諸支世代，相承繁衍，科舉頻起，代有傳人。分別著述於次，以供方家及邦人君子參考。

　　海　澄，乃海　寬堂姪，亦係從子，爲忠介公從伯父也。明成化十一年（1475）乙未科進士（三甲一四九名），授建陽知縣，陞四川道監察御史。

　　海　潤，又作海　閏，乃海　澄之弟，亦係忠介公從伯父，明弘治五年（1492）壬子科舉人。

　　海　瑚，字夏甫。乃忠介公從兄，同祖松谿。庠生，著〈海氏族譜序〉（見王國憲《瓊山縣志》卷十九·藝文志）。

　　海　玥，乃忠介公之從弟。

　　海　純，乃忠介公姪，郡庠生，存心孝友，操行醇篤。以子海邁，贈文林郎。

　　海　邁，乃忠介公姪孫。明萬曆十六年（1588）戊子科舉人，歷官新寧縣教諭，處州府推官，五城兵馬司。

　　海廷芳，乃海　邁之孫，亦係忠介公元孫。清康熙八年

（1669）己酉科舉人，由府學中式，任德慶府知府。

　　海子虛，乃忠介公姪孫。明·感恩縣學歲貢，廣東茂名縣儒學教諭。

　　海　岱，十二世孫。

　　海雲山，十二世孫。

　　海連天，十五世孫。

　　次據王國憲《瓊山縣志》（卷二十二·選舉志·貢選）載，海氏六員，分著於次，以供參考。

　　海　浩，明天順年間①，歲貢，由安定縣學中式。

　　海　沂，明成化年間②，歲貢，由府學中式。

　　海道洪，明嘉靖年間③，歲貢。

　　海道明，明嘉靖年間，歲貢。

　　海　鋐，明天啟年間④，歲貢。

　　海　昌，明天啟年間，歲貢。

　注①明英宗（重祚）天順年（1457～1464）間，在位七年。

　　②明憲宗成化年（1464～1487）間，在位二十三年。

　　③明世宗嘉靖年（1522～1566）間，在位四十五年。

　　④明熹宗天啟年（1621～1627）間，在位七年。

表一　海瑞直系表

始　祖 海答兒，原籍廣東番禺，從軍入瓊，立籍海口，世居
西郭外下田村，乃海瑞公之入瓊始祖也。

一　世	二　世	三　世	四　世	五　世	
長子 海　福	—— 海　寬	長子 海　深			
次子 海　寧		次子 海　浩	次子 海　瑜	長子 海　坤	出祀海瑞 →
三子 海　宇乏嗣		三子 海　泌		海中虛	→
四子 海　信乏嗣		四子 海　渝	長子 海中砥	中殤	
		五子 海　潮	次子 海中亮	中殤	
		六子 海　浴	三子 海中期	少殤	
		七子 海　沂	繼子 海中適	未立	
		八子 海　瀚	—— 海　瑞	祀子 海　坤	→

六　世	七　世	八　世	九　世	十　世	
長子 海啓科	長子 海〇〇	長子 海〇〇			
	次子 海思賢	次子 海〇〇			
—— 海惟宗	祀子 海思賢	三子 海起晏	—— 海純之	長子 海思榮 ——	→
				次子 海思寵	

十一世	十二世	十三世	十四世	十五世
—— 海　清	長子 海見龍	長子 海瓊珥	長子 海光祖	
	次子 海見蛟	次子 海瓊瑤	次子 海光明	
	三子 海見鵬	三子 海瓊琰		
	四子 海見鯤	四子 海瓊〇		

說　明：

一、本〈海瑞直系〉表，係據《海氏族譜傳》輯製。

二、海氏家族，緣自海答兒（入瓊始祖）肇始，相傳於今，已
　　有十八、十九代。

三、海氏族親，自十五代起，漸向海南中南部地區遷移（定
　　居），諸如：崖州，海安波支系。

　　　　　　　　　　白沙，海安瀾支系。

　　　　　　　　　　東溪，海安流支系。

四、海氏宗人，於世代計算（入瓊始祖，計為一世祖），而與
　　《海氏族譜傳》落差一代。

五、海氏諸支系，科甲迭起，代有傳人，諸如：

　　　　四世代：海　澄（進士）、海　瀾（舉人）。

　　　　五世代：海　瑚，庠生。乃海瑞從兄（與海寬同祖），
　　　　　　　　　著〈海氏族譜序〉（自稱：五世孫）。

　　　　　　　　海　玥，乃海瑞從弟也。

　　　　六世代：海　鵬（舉人），乃海瑞從子也。

　　　　七世代：海　純，郡庠生，以子海邁，贈文林郎，乃海
　　　　　　　　　瑞姪也。

　　　　八世代：海　邁（舉人），乃海瑞姪孫也。

　　　　　　　　海子虛（歲貢），乃海瑞姪孫也。

　　　　十世代：海廷芳（舉人），乃海邁之孫也。

　　　　十二代：海雲山、海　岱，曾續修《海氏族譜》。

　　　　十五代：海連天（庠生），續修《海氏族譜》。

卷之二　生　平

　　海瑞是明代一位傑出的政治家，亦是一位卓越的經濟改革家，更是海南傑出人物的典型代表，暨歷史偉人。

　　海瑞身處的時代，正是大明王朝，從全盛走向衰敗的時期。斯時吏治腐敗，貪污賄賂風行，貪官污吏，拼命搜刮民財，令人怵目驚心。尤其「貪慾橫行、賦役繁重、水旱靡時」，民不聊生，憤懣載道，官民衝突，日益尖銳。

　　海瑞終生崇尚儉僕，律己嚴正，廉潔自守。尤以"不貪財、不謀私利"，暨"剛毅不屈、是非分明、絕不鄉愿"性格，成爲社會"典範"頂級標誌（形象）。

　　海瑞（忠介）氏，生於正德，歷事嘉靖、隆慶、萬曆三朝，大都銳意改革，力矯時弊，以挽救民瘼。於每任一官，治一事，必痛除蠹政，雷厲風行，嚴鋤豪強，敢犯權貴而有所不畏矣（海瑞集）。是以"清官"、"好官"著名於史，深受人民愛戴，素有"南包公"、"南海青天"讚譽。

一、行　誼

　　先賢海　瑞（1513～1587）公，字汝賢、一字：應麟、又字：國開，號剛峰、世人尊稱：剛峰先生，廣東瓊山（今海南省海口市瓊山區）人。距生於明武宗（朱厚照）正德八年（癸酉）

十二月二十七日，明神宗（朱翊鈞）萬曆十五年（丁亥）十月十四日，卒於留都（南京），享壽七十五歲（梁雲龍〈海忠介公行狀〉、王國憲《海忠介公年譜》有載）。

公稚齡失怙，自幼師承母氏謝太夫人，嚴明教誨，口授孝經、學、庸諸書。長就外傅，訪擇嚴師授教，稍知識，直欲學爲聖賢，率其眞而終身操行。在郡學苦讀，嘗與同道辯明學術，嚴課功修，郡學博且嚴敬之，人咸稱爲"道學先生"。

明世宗嘉靖二十八年（1549）己酉科，薦廣東鄉試（舉人），甫應嘉靖三十二年（1553）癸丑科會試不第，決授福建南平縣儒學教諭。歷官浙江省淳安縣知縣、遷江西省興國縣知縣，授戶部雲南司主事（時世宗專意齋醮，瑞上疏切諫，帝怒而下詔獄，穆宗立遺詔復官），尋改兵部武庫司主事，晉擢尙寶司司丞，大理寺右丞，未幾轉左丞（奉命出使波羅），陞南京通政司右通政使（提督膽黃），繼陞右僉都御史（總督糧儲巡撫應天十府）。於隆慶四年（1570）庚午，調任南京糧儲，並二度上疏告養病，乞賜歸田。次歲（1571）辛未，罷官歸里，而公自仕計十有七年矣。

明神宗萬曆十三年（1585）乙酉正月，召爲南京右僉都御史，尋改南京吏部右侍郎（署理吏部），轉南京都察院右都御史。於明萬曆十五年（1587）丁亥冬十月，公有疾，卒於任（留都·南京），上聞之，輟朝悼傷，特賜祭葬，贈太子少保兼吏部尙書，諡：忠介。遣同里行人許子偉往治喪，護櫬南歸，葬於瓊山故里（濱涯村）。祀鄉賢

公性甘淡薄，廉潔剛正，忠貞耿介，苦節自操。平生力學，惟務識眞，必爲聖賢，不爲鄉愿。立身行己，唯以事事認眞，集

義養氣爲主。蒞官必守祖宗成憲，挫折不磨，鼎鑊不避，即伊尹奚讓？望之如泰山壁立，就之如春風太和。接談無疾言、無遽色，臨難無鬱氣、無忿容，箠楚子弟、撻藏獲，亦不見其厲色嚴聲。所至俱政績斐聲，判訟決案，秉公持正，毋縱毋苛，衆咸信服。其終生行道，立志之堅，任道之勇，而天性使然也（梁雲龍〈海忠介公行狀〉，載於《海忠介公全集》，頁五二六～五三六）。

　　張廷玉《明史》（卷二百二十六·列傳第一一四·海瑞傳）、汪有典《明外史》（海　瑞傳）、尹守衡《明史竊》（卷三·頁一二九一）、王鴻緒《明史稿》（列傳第十）、徐乾學《明史列傳》（卷七十九）、焦　竑《國朝獻徵錄》（卷之六十四）、鄧元錫《皇明書》（卷二十七）、李紹文《皇明世說新語》（卷二）、蔣廷錫《雍正　大清一統志》（卷二八六·瓊州府·人物）、和　珅《乾隆　大清一統志》（卷三五〇·瓊州府·人物）、穆彰阿《嘉慶　大清一統志》（卷四五三·瓊州府·人物）、郝玉麟《雍正　廣東通志》（卷四十六·人物志·瓊州府）、阮　元《道光　廣東通志》（卷三百一·列傳·瓊州府）、戴　熺《萬曆　瓊州府志》（卷之十·人物志·鄉賢）、牛天宿《康熙　瓊郡志》（卷之七·人物志·鄉賢）、張岳崧《道光　瓊州府志》（卷之三十三·人物志·名賢）、李　詩《光緒　淳安縣志》（卷之六·職官志·治行）、崔國榜《同治　興國縣志》（卷之二十二·名宦·明）、王　贄《康熙　瓊山縣志》（卷之七·人物志·鄉賢）、楊宗秉《乾隆　瓊山縣志》（卷之七·人物志·鄉賢）、李文烜《咸豐　瓊山縣志》（卷之十九·人物志·鄉賢）、王國憲《民國　瓊山縣志》（卷之二十四·人物志·列傳）、張廷標《光緒　瓊山縣鄉土志》（卷之二·耆舊錄）、〈同鄉奠海老先生文〉（明·楊起元《楊復所家藏文集》卷5／50）、〈乞爲海忠介公題請建祠呈文采略〉（明·陳仁錫《無夢園集》小品2／32）、梁雲龍〈海公行狀〉（備忘集10／1）、黃秉石〈海忠介公傳〉（海忠介公文集·卷首）、〈海忠介公傳〉（明·耿定向《耿天台先生文集》16／1）、〈海忠介公傳〉（張師澤《月鹿堂文集》4／39）、王宏誨〈海忠介公傳〉（明·焦　竑《國朝獻徵錄》64／31下）、何喬遠《名山藏臣林記》（22／16下）、何良俊《四友齋叢說》（13／6下、13／7）、汪兆鏞《嶺南畫徵略》（卷一）、吳道鎔《廣東文徵作者考》（卷四·頁九〇）、楊家駱《四庫大辭典》（頁六四八）、臧勵龢《中國人名大辭典》（頁八一六）、文史哲出版社《中國美術家人名辭典》（頁七三八）、國立中央圖書館《明人傳記資料索引》（頁三八五）、大化書局《明代地方志傳記索引》（上冊·頁六九七）、朱逸輝《海南名人傳略》（上冊·頁二七〜三四、下冊·頁二二〜三三）、蘇州大學圖書館《中國歷代名人圖鑑》（下冊·頁五四八），載有傳或事略。

海忠介公大事年表

　　資善大夫南京都察院右都御史贈太子少保兼吏部尙書，諡：忠介。海瑞公，字汝賢、一字：國開，號剛峰，士林尊稱：剛峰先生。

　　先賢海瑞公，乃明代廉吏，亦係最傑出政治家。生於正德，歷事嘉靖、隆慶、萬曆三朝，其政聲斐然，士民譽之。茲按年紀事，分著於次，以供查考。

明武宗（朱厚照）正德八年（1513）癸酉　一歲

　　是年十二月二十七日，公生於瓊山縣西郭外下田村，與丘文莊公同里也。①

　　案：曾祖：海　福，敕封松溪縣知縣。

　　　　祖父：海　寬，明景泰丙子舉人，官福建松溪知縣。

　　　　父：海　瀚，廩生。

　　　　母：謝氏，初封恭人、晉封太夫人。

　　注①一說：明正德九年（1514）農曆正月二十三日生

明武宗正德十一年（1516）丙子　四歲

　　是年失怙，太夫人教之誨之。口授孝經、學、庸諸書，輒能成誦。出就外傅，必擇嚴師（吳南瀛）託之，其成大器，良非偶然（梁雲龍〈海忠介公行狀〉有載）。

明世宗（朱厚熜）嘉靖五年（1526）丙戌　十四歲

　　海瑞曾往丘濬在下田村，開辦的“藏書石屋”，廢寢忘食地勤讀。

　　案：公稍知識，即欲學為聖賢，謂聖賢千言萬語，只是欲人識其真心，率其真而終身行之，便是聖賢，其自少操修已如此（參見行狀）。

明世宗嘉靖七年（1528）戊子　十六歲

　　海瑞讀完《四書》、《五經》。

明世宗嘉靖八年（1529）己丑　十七歲

海瑞從嚴師：吳南灝先生學史。

明世宗嘉靖十一年（1532）壬辰　二十歲

海瑞以三年時間，讀完《史記》、《漢書》、《資治通鑑》，暨丘濬《世史正綱》等史書。

明世宗嘉靖十九年（1540）庚子　二十八歲

公在郡庠讀書，與二三同志辯明學術，嚴課功修。郡學博且嚴敬之，不敢問饋遺常例。人咸稱為"道學先生"，相率師事之（參見〈行狀〉與公〈訓諸子〉文）。

明世宗嘉靖二十三年（1544）甲辰　三十二歲

公家與文莊公曾孫郊遊，以道義相切劘。郊建樂耕亭，讀書其中。公常過從，為記並賦詩以贈之（參見〈樂耕亭記〉載）。

明世宗嘉靖二十五年（1546）丙午　三十四歲

是年督學林公始刮目公文，廉其行誼，大加獎賞。適有前因大故所出婦許氏訟公，且誣裝資。林公詰問，以出妻令其可嫁為對。至於誣裝資俱不辨，惟稱貸賠償而已，林公益重之。

是年秋九月，公從子鵬領鄉薦。後官廣西蒼梧縣知縣、梧州通判（參見行狀、瓊山縣志）。

明世宗嘉靖二十八年（1549）己酉　三十七歲

督學蔡（一哲）公按試瓊州，試題為「不曰白乎」二句。得公卷，抱玩移時，因詢知公微隱事，歎曰：「此所謂涅而不緇者乎？」

是年秋八月，公舉於鄉。其對〈治黎策〉云：「天下之事，圖之固貴於有其法，而尤在於得人。……狂瞽之見，惟執事進而教之」（參見《海忠介公全集》卷之二·策）。

　　案：公此策出，傳誦一時。其生平經濟，留心時事，即於此見之。

明世宗嘉靖二十九年（1550）庚戌　三十八歲

　　是年春二月，計偕入都，伏闕上平黎疏，復申前說。其略云：「弘治十四年征儋州昌化黎，……嘉靖二十九年征感恩縣崖州黎，凡三大舉矣。……惟陛下敕下兵部，使兩廣撫按熟計之。」又陳招民、置軍、設里、建學、遷創縣所、屯田、巡司驛遞諸事，並〈上兵部圖說〉。時以疏下兵部議覆，卒不施行（參見《海忠介公全集》卷之一）。

　　會試報罷，遂南歸。至是公之母守節三十有四年，與鄉諸先生書，懇爲代請旌表。

明世宗嘉靖三十二年（1553）癸丑　四十一歲

　　是年二月，公再上春官不第。遂毅然自決曰：「士君子由科目奮跡，皆得行志，奚必制科。」

　　閏三月謁選，授福建南平縣儒學教諭。

　　十二月二十日到任，遂申明〈教約〉十六條，朱子白鹿洞五規，輔漢卿會粹六事。

　　又上〈申朱提學道教條〉二事（收在《海忠介公全集》卷之二）

　　案：朱鎮山，本名：朱衡，萬安人，官至工部尙書。

明世宗嘉靖三十三年（1554）甲寅　四十二歲

　　公在南平任，時郡守諸大夫視學。升明倫堂，教官謁見者皆左右跪，公當中挺立，諸大夫色艴，語侵曰：「安所得山字筆架來？」蓋指公也。

　　公志在行道，而一入官，區區禮節不見諒於人。謂此闕陷世界，何能有濟，遂告休。郡丞某恚公甚，欲聽其去。太守某獨愧悔曰：「彼所執竟是，吾誤也」。

　　時朱鎮山爲閩學憲，聞之取赴正誼書院修書。公力求去，鎮山慰留曰：「平生所學謂何？所出謂何？只爭一跪耶？」公乃留。

　　按院至延，率諸生候郭門。有分守道某先進見，公長揖不跪。問爲誰？侍者以海教官對，隨令侍者物色公接按院作何狀。已按院進，公禮如前。分守道爲之吐舌曰：「今世有若教官耶！」蓋公守禮，謹遵會典憲綱。因時廢格不行，公獨創舉之，人皆駭異。久之相爲歎服，謂當於古人中求焉。

　　又公仕在外，仍留心平黎之事。朝廷議格不行，地方官力可行之。因申文海南道陳雙山，望其舉行。其略曰：「瓊州府州縣外旋，黎岐中處。…於本職奏疏上兵部圖說治黎策第一道，少致意焉。」（見《海忠介公全集》卷之二・申文）公反覆詳論，無非以平黎之功利激動雙山，當時亦不舉行。

明世宗嘉靖三十四年（1555）乙卯　四十三歲

　　公在南平任，極論驛傳之弊當裁革，侃侃數萬言，申文以請其急行。又恐議有不盡，更爲〈雜議〉五條以明之（參見《海忠介公全集》卷之二・申文）。

明世宗嘉靖三十五年（1556）丙辰　四十四歲

　　是年長子生於福建南平，取名：中砥。

明世宗嘉靖三十六年（1557）丁巳　四十五歲

　　公在南平四年餘，以禮爲教。其講道論德以及經義治事，一一實事求是，不爲俗學所染，是教職中最難得者。至此，巡按監司交章薦之。

明世宗嘉靖三十七年（1558）戊午　四十六歲

是年春，擢浙江淳安縣知縣。五月初到任，初履其境，目睹生民疾苦萬狀。

並告縣丞、主簿、典史、教官，各守其職，盡其責。陰陽官醫官，以及老人、里長、生員、吏書，皆示以當遵之法，守其自奉也。

至上官檄縣取金餽境內士夫，舊多委曲應之。公惟於其贖鍰內理焉，有則送，無則已。撫按出，例陰遺其吏書，謂無此則禍且至。公獨曰：「充軍死罪寧甘受，安可爲此穿窬舉動耶！」

時胡總督宗憲子過淳安，怒驛吏，倒懸之。公以曩日胡公按部，令所過毋供帳。今其行裝盛，必非胡公子。發橐金數千，納之庫。馳告宗憲，宗憲不以罪公，此更爲人所不敢爲者。

明世宗嘉靖三十八年（1559）己未　四十七歲

公在淳安，清查六房積弊，一切陋規嚴行革除，其有益地方者無不爲之。凡勸賑貸、諭里老、禁餽送、諭礦徒，廣爲告示，雷厲風行，吏治肅清。尤以清丈民田，嚴飭大戶爲急。又查築城可以禦患而衛民居，足見公之爲政，築城防，守地方，用備不虞。

又查縣內多淫祠，公毀淫祠以爲社學。教士子以道義，不以勢利。間有援例上粟，必諭之歸於正焉。

明世宗嘉靖三十九年（1560）庚申　四十八歲

公在淳安任，三月，鄢懋卿以都御史總理鹽政。行部所過，監司郡邑諸吏膝行蒲伏，跪上食。攜妾偕行，製五綵輿，令十二女子舁之，儀從煌赫，道路傾駭。其子過淳安，索夫馬不與，怒捉輿臺，非理凌虐。公不顧，密執鄢憲令「巡歷所至，務為節省」之諭，申文詳請，得鄢憲批，悉捕按如法。其時行部供奉，窮極淫靡以事之，動費千百。計程只一日當至嚴，守令相戒，盛為供具以待。公獨上稟帖云：「傳聞所至與憲牌異，欲從憲牌，則懼招尤。欲從傳聞，則恐違憲意。下邑疲敝，未知所從。」鄢匿言曰：「照憲牌行」。然遷道去，不過嚴矣。

迨鄢事竣，嚴州諸公故無害。太守見公，謝曰：「好了淳安百姓，難為汝！難為汝！」

明世宗嘉靖四十年（1561）辛酉　四十九歲

公在淳安任，四月，定各項錢糧。各項耗銀，凡正數外加二分作耗。耗外有多取者，許赴縣呈告，以憑重治。

七月，巡鹺御史袁淳按部至淳安，見公送迎不遠，供應不多，有所鉤付，不唯唯應。誶曰：「汝即欲學府官樣，還未！還未！」已而公給申呈，駁云「方呈給由，已為陞任之狀，倨傲不恭，不安守分……」等語。公申文辯論，曰：「本院糾察一方……越境奔趨，曠廢職業，或重罪責。」袁淳亦無詞批答。

尋有通判嘉興之命，又以袁論之故，仍以原職改調。公聽調赴部，上請交印文。…諸官舫日五六至，夫役迎送，費不可支，公睹民窮，慨然思拯之。

初入署，召丞尉、學官、弟子、耆老以次列，陳所為奉法字下意甚悉。度田定稅，不使貧富得上下其手。官署中隙地，課老僕樹禾麥、藝疏芥，且夕取自贍。又有云：為母生日，買肉二斤。則公平日淡泊明志，拯救困窮，淳安吏治，卓卓如是。家家尸祝，非偶然也。

多月，公赴部。時朱鎮山貳銓曹，見公盛寒猶服絲且敝。鎮山曰：「即貧，不能製一官服耶！」公始易一黃石絹。其守貧安命，為人所難。

明世宗嘉靖四十一年（1562）壬戌　五十歲

夏月，編成《淳安政事稿》三卷、《淳安稿》一卷。公自序云：「瑞自濱海入中州知淳安縣事，……使知是編之意。」（參見《海忠介公全集》卷之三·序）

十二月，調任興國知縣。

明世宗嘉靖四十二年（1563）癸亥　五十一歲

公在興國任，察地瘠民貧，歲徵不滿十之五，弊在浮糧。乃上條陳〈便宜八議〉於南贛都御史吳堯山……公請次第舉行。又上吳堯山〈便宜六事〉文，更能詳陳上司衙門事宜，言人所不敢言（參見《海忠介公全集》卷之二·申文）。

明世宗嘉靖四十三年（1564）甲子　五十二歲

公在興國任，清丈田畝甫畢，尚未舉行。

十月，報陞主事（蓋朱鎮山在銓曹，知公清望，有此超遷）。公將赴部，太夫人怯北京寒，思歸亟，不得已發王夫人攜二男三女扶侍南歸，一身挾二僕北上。抵京入覲後，授戶部雲南司主事。

明世宗嘉靖四十四年（1565）乙丑　五十三歲

公在戶部任（視事），見世宗享國日久，常不視朝，深居西苑，專意齋醮。

十月，公上〈爲直言天下第一事疏〉切諫，世宗大怒，而下詔獄（參見《海忠介公全集》卷之一・奏疏）。

明世宗嘉靖四十五年（1566）丙寅　五十四歲

時世宗春秋（年事）高，惡言立太子事。其春，移疾西苑，數月，煩悶不樂。因召大學士徐階議內禪曰：「畜物諫我是也，顧朕老矣，安能視朝如曩時。」階力諫止，又曰：「朕不自謹惜，致此疾困，使朕能出御殿，豈受此人詬詈耶。」遂手批公奏詈主毀君，送錦衣獄究主使者。尋移刑部論死，獄上，仍留中。越二月，世宗崩。

十二月十五日，遺詔復原官，尋改兵部武庫司主事。

明穆宗（朱載垕）隆慶元年（1567）丁卯　五十五歲

公晉擢尙寶司司丞，上〈乞終養疏〉（收在《海忠介公全集》卷之一・奏疏），不允所請。

四月，擢大理寺右丞。時大學士徐階爲御史齊康所劾，公上〈乞治黨邪言官疏〉（收在《海忠介公全集》卷之一・奏疏），爭之。

七月，轉左丞，奉命出使波羅，持節回省。公遵甲令行出使禮，三司以鄉官忽之，而公自處甚峻。學憲與公尤相齟齬，適公母太夫人請旌，詳文到學憲署，羅學憲以私卻沮其旌節事，公亦不爲之屈。

十一月，陞南京通政司右通政使，復迎太夫人就養，王恭人同來。

是年紀元開恩典，公請封父母。於季冬月，敕贈父海瀚爲中憲大夫通政司右通政使，敕封母謝太夫人爲四品恭人。

明穆宗隆慶二年（1568）戊辰　五十六歲

公以通政司閒缺，恐不稱職，謹奏〈自陳不職疏〉（收在《海忠介公全集》卷之一·奏疏），上不允所請。公手編近年著作，刻《備忘集》二卷。

七月十五夜，公妾韓氏卒於任所。二十四夜，公妻王夫人又卒。

公〈復徐五台都憲〉書云：「……瑞初念甚壯，七月內天降禍譴，妻妾繼亡，每一思及，百念灰矣。即欲援例扶柩歸，慮寇中止，奈何！奈何！……」（參見《海忠介公全集》卷之五·書簡）是公母老在堂，膝下尚虧，妻妾繼亡，晨昏何以奉侍，恐傷慈心，公之境遇，其何以堪，宜其書中有淚痕也。

明穆宗隆慶三年（1569）己巳　五十七歲

春正月，調通政司右通政使，提督謄黃。

六月，陞右僉都御史，奉敕總督糧儲，巡撫應天十府。撫與按並彈壓一方，欲有規畫，以衡騶後行。公則謂撫按各有專責，不得越俎相侵，乃獨以昔所爲教南平者，令淳安、興國者，稍加潤色擴充爲〈督撫條約〉，又頒〈續行條約冊式〉九事（收在《海忠介公全集》卷之二·條例、冊式），前所開載未盡者。意蓋主於斥黜貪墨，搏擊豪強，矯革浮淫，釐正宿弊。令既嚴布，飆發雷厲，郡縣官吏凜凜競飭，貪污者望風解印綬去，權豪勢宦，斂跡屏息，至移他省避之。

明穆宗隆慶四年（1570）庚午　五十八歲

公在巡撫任，正月初三，奏請〈開吳淞江疏〉云：「禹貢稱：『三江既入，震澤底定。…』一舉兩利，地方不勝幸甚。」（參見《海忠介公全集》卷之一）公於是開工疏濬，乘輕舸往來江上，親督畚鍤，身不辭勞。二月告竣，計費甚省。按院某（與公相左）驚呀竊歎曰「萬世功被他成了」。

公又奏〈開白茆河疏〉（收在《海忠介公全集》卷之一·奏疏），正月二十七日，巡視常熟縣白茆河，果係淺狹。二月初九日興工，用開吳淞江存款。因饑民雲集，募充工役，兼行賑濟，民力役而功易成。至三月底完工，計費更省。並徧修圩岸塘浦支河堰壩，由是旱潦有備，年穀豐登，吳民永賴，樂利無窮，公之開河之功，創三吳所未有矣。

時都給事舒化、戴鳳翔劾公沽名亂政，公上〈被論自陳不職疏〉，略云「……言官誣妄，請為皇上陳之。……微臣負國，鳳翔欺君，兩不寬貸。」（參見《海忠介公全集》卷之一·奏疏）上亦優容猶優獎之，改專任南京糧儲。方巡撫候代而糧儲裁革，實以計去公也。

公又上〈告養病疏〉（收在《海忠介公全集》卷之一·奏疏），乞賜歸田。母年八十一，義當奉侍。並上書閣部：李春芳、高　拱諸公（收在《海忠介公全集》卷之五·書簡）代為陳情，俾得致仕歸養親。上始允其所請，於四月回籍，閉門卻掃，為終焉計。自始仕至此，十有七年，清俸所存，僅買居第一區。值一百二十金，祖田十畝外，無所增益，其清節為近古所罕有矣。

明穆宗隆慶五年（1571）辛未　五十九歲

是年史方齋巡道陞浙藩參政，公為庶民贈序，又復史方齋書（收在《海忠介公全集》卷之四、卷之五）。

案：公罷官歸家，不忘時事，尤以瓊之吏治爲急，偶有書
　　序，必詳陳利弊。

明穆宗隆慶六年（1572）壬申　六十歲

是年都御史雒涇坡等會薦公，有忠貫日月，望重華夷之
語，吏部具覆。奉上命，遇有員缺相當，酌量起用。

公上〈啓殷石汀兩廣軍門〉（收在《海忠介公全集》卷之
五），直言海賊莊西復，許萬仔等率倭寇渡海，劫掠定安，
臨高各縣，勢甚猖獗，官軍不能平寇，言之不勝憤激。

明神宗（朱翊鈞）萬曆元年（1573）癸酉　六十一歲

是年登極改元，上命遇有兩京清要員缺，起公補用。公因
江陵當國，不再出仕。

二月，公〈與呂調陽書〉：「今年春公當會試天下士，諒
公以公道自持，必不以私徇太嶽。太嶽亦以公道自守，必不
以私干公也，惟公諒之，…」云（參見《海忠介公全集》卷
之五·書簡）。

案：太嶽爲張居正，呂調陽會試總裁，居正以子託之。當
　　時物議沸騰，公上書直言其事，不激不隨。

明神宗萬曆二年（1574）甲戌　六十二歲

公家居不忘時事，遇有當道咨詢民瘼，及行政得失，必侃
侃條陳，毫無諱忌，恥爲面諛，罔及其私。上憲每忌之，令
巡按御史廉察其所爲。御史至山中視之，公設雞黍相對食，
居舍蕭然，甚於寒素。御史歎息而去，無隙可尋。江陵亦憚
公剛直，不敢召用。

明神宗萬曆三年（1575）乙亥　六十三歲

是年，公丁太夫人憂，治喪一遵古禮。兵憲陳復升捐助賻

金，始斥置墓田數畝。

太恭人苦節，因當道忌公，不為旌表。一時學士大夫、文人墨客，賦詩表章節烈，公編為《貞潔卷》

按《貞節詩卷》，府、縣志不載，張事軒有題〈贈海剛峰萱堂貞節卷〉（五言古詩）。

明神宗萬曆四年（1576）丙子　六十四歲

是年，公居家讀禮。

明神宗萬曆五年（1577）丁丑　六十五歲

是年，公居家讀禮。

明神宗萬曆六年（1578）戊寅　六十六歲

公曾奉書、復書，巡道唐敬亭（名可封，四川富縣人），直陳丈田之事（收在《海忠介公全集》卷之五·書簡）。

又有丈田則例，當行事款，歸糧、作弊、嚴法等事，最為詳明。流水魚鱗等冊標本，最為簡易，皆能見諸實行。

公志在救民，而救民之政，先在清丈田畝，平均賦役。曾言丈田等法，旣詳且盡，其官淳安、興國以及巡撫南京，身實行之，收效當時，利垂後世。至此實行於桑梓，一生經濟，得所措施。

明神宗萬曆七年（1579）己卯　六十七歲

是年唐敬亭重修縣學宮，置雙龍首，鑿泮池於前，改建大門於左，建尊經閣於明倫堂後，公撰〈重修瓊山學宮記〉（收在《海忠介公全集》卷之五），並刻石以紀其事。

文昌令羅近雲（名：鶚，江西宜黃人）丈田已成，派代丈定安田，不辭勞苦，實心任事，親行測量，井井有法，乃精明果毅之才。公作〈贈羅近雲代丈定安田序〉（收在《海忠

介公全集》卷之四）贈之，又作〈贈文昌大尹羅近雲入覲
序〉（收在《海忠介公全集》卷之四）。其地方能吏，勉之
望之。公之留心吏治，至老不倦矣。

明神宗萬曆八年（1580）庚辰　六十八歲

是年正月二十，公作〈贈李太守（名：紹賢，江西清江，
舉人）母七十壽誕序〉（收在《海忠介公全集》卷之四），
皆有規箴勸勉之意，可爲世法。

明神宗萬曆九年（1581）辛巳　六十九歲

是年科道御史詹事講王國、都御史郭惟賢、給事中王繼光
等，各具疏特薦，下部議行。

公刻續集二卷（案：公嘉靖壬戌夏月，已刻《淳安稿》一
卷）。此則編興國任後十餘年來，奏疏與雜文有關當時政治
得失者，皆有益世道人心之文。

明神宗萬曆十年（1582）壬午　七十歲

是年春，公作〈贈喻邃川得撫按獎勸序〉（收在《海忠介
公全集》卷之四）。

案：喻邃川，名：效龍，江南當塗人。

明神宗萬曆十一年（1583）癸未　七十一歲

是年，公作〈贈臨高尹陳侯丈畝成功序〉（收在《海忠介
公全集》卷之四）。

案：陳侯，名：節，晉江人。

明神宗萬曆十二年（1584）甲申　七十二歲

是時張江陵已卒，王錫爵當國，多起用舊臣。廣東巡撫鄧
純吾交章薦公，上以公既屢經薦剡，查有相當員缺，急爲起
用。

　　冬月，吏部擬用通政司左通政使，上雅重公名，畀以前職。

明神宗萬曆十三年（1585）乙酉　七十三歲

　　正月，召公爲南京都察院右僉都御史。二月二十八日，公渡海北上。五月初四，抵上新河，皆坐小船，無知公者。十二日，到任。尋改南京吏部右侍郎，署吏部尙書。

　　公上疏云，衰老垂死，願比古人尸諫之議，大略謂陛下厲精圖治而治化不臻者，貪吏之輕刑也，語極剴切。

　　時御史梅鵾祚劾之，帝察公忠誠，爲奪鵾祚俸，仍用公爲右都御史。

明神宗萬曆十四年（1586）丙戌　七十四歲

　　公用世極銳，上用公亦極銳，浹歲三遷，咸屬睿眷。然梅、房御史遂憑藉雌黃，房大肆詆擊，公質不勝房。惟給事中徐常吉、進士彭遵古、諸壽賢、顧允成等，上〈三進士申救疏〉（參見《海忠介公全集》卷之七·襮記），以抉發奸邪而保全忠直也。

　　公於時雖拜命履右都御史任，惟歸志決，屢疏乞休，上不允。其貽書門下生梁雲龍「七十有四非做官時節，況天下事只如此而已，不去何爲？」龍復曰「此兩語足以決去就矣」。蓋六上乞骸疏，俱不得允。

明神宗萬曆十五年（1587）丁亥　七十五歲

　　冬之十月，公有疾，不服藥，十四日卒於留都，慟哉！上聞之，輟朝悼傷。遣禮部侍郎沈鯉諭祭。命議贈官，加太子少保，諡：忠介。遣行人許子偉護櫬歸葬。喪出江上，白衣冠送者夾岸，哭而奠者百里不絕，家家繪像祭之。

案：二十二日，都御史王用汲率同僚公祭。二十六日，南
　　京禮部尚書姜寶、都御史王用汲、寺丞周希旦奠祭。
　　二十八日，南京尚侍各鄉同公祭。自此後，北京尚
　　侍、南京舊治下廣東同鄉諸官皆弔喪，不下數百人。

　公卒之前三日，兵部送柴薪多耗七錢，猶扣回，不肯絲毫
有染。病不藥，臨危彌智，二媵四僕奉侍，無一語及身後
事，獨抱眞純以還，檢篋內僅祿銀十餘兩，舊袍數件，爲寒
士所不堪者，僉都御史王用汲入視泣之，率諸御史捐金治
具。公之子姓兄弟，無一在側，媵僕愚弱，不能任事，其更
衣、沐浴、含斂，悉王御史左右襄治。噫嘻！公何以得此於
諸公哉？

參考資料

張廷玉《明史》（卷二二六·列傳第一一四·海瑞傳）

阮　元《道光　廣東通志》（卷三百一·列傳·瓊州府）

張岳崧《道光　瓊州府志》（卷三三·人物志·名賢）

王國憲《民國　瓊山縣志》（卷二四·人物志·列傳）

王國憲《海忠介公年譜》（清光緒三十二年　瓊山蟀經書院
　　　刊本）

梁雲龍〈海忠介公行狀〉（見《備忘集》載）

王宏誨〈海忠介公傳〉（見《國朝獻徵錄》卷六四）

何喬遠〈海忠介公傳〉（見《丘海合集》載）

黃秉石〈海忠介公傳〉（收在《海忠介公全集》卷首）

二、功　業

　　海瑞係從明皇朝全盛走向衰敗時代，當時政治腐敗，官吏貪贓成風，賦役繁重，民不聊生，社會各種衝突，日益尖銳。海瑞畢生耿介，敢與貪官惡豪抗爭，蓄意改革，力矯時弊，實屬非易。乃中國歷史上著名的廉吏，亦係明代傑出的政治家。

　　先賢海忠介公，歷事嘉靖（三十七年始）、隆慶、萬曆（十五年卒）三朝，歷官浙江淳安知縣，迨南京都察院右都御史（卒於任），除告病罷官養居（約十六年）外，實際任官只十五載，唯功績輝煌，政聲斐然，黎民德之。

　　清丈田地：明代初葉曾對江南田地進行丈量，由於官吏與富豪串通舞弊，或將田產「詭寄」別戶，或將田賦「飛灑」他戶，或挪移田界，更換田藉。於是造成「富豪三四百畝之產，而無分釐之稅，貧者戶無一粒之收，虛出百十畝稅差。」海瑞請求均平丈量，在向嚴州府上申文，指出「若欲存撫疲民，招回逃流，均平賦役，誠莫若概縣丈量，通融補算，一勞而永定也。」①

　　丈量田地，立定田籍，乃賦役之依據。自此海瑞每到一地任職，親訂丈量田畝細則和例條，具體部署，並嚴加檢查，貫徹實施。由於清丈田地，整理田籍，按實有田畝面積負擔賦役，避免官吏富豪舞弊，消除「有田無稅」、「無田反當重差」，大大減輕農民長久以來，沉疴之賦役重大負擔矣。

　　革新徭役：明洪武十四年（1381）辛酉，詔令府州縣編制戶冊（稱：賦役黃冊），根據各地官田民田占有多寡徵收田賦，以戶口人丁徵派徭役。當時之徭役概分：里甲役、均徭、雜泛（俗稱：雜役），其中「均徭」為最重，係依「人丁」派差役（十六歲成丁才徵，六十歲免）。換言之「均徭」乃按「人口」分攤（出人或僱役均可），由於官紳勾結，巧立名目，攤派繁增，大都派到民戶，致「平民」受害最苦矣。②

　　海瑞在實施「均徭」過程中，依〈興革條例〉精神，達到「貧者輕、富者重，田多者重、田少者輕，然後為均平也」革新目的。於明朝賦役制度之重大改革，就是"一條鞭法"。唯因豪強阻撓，官吏刁難，致時行時止，並未貫徹。

　　明隆慶三年（1569）己巳，一條鞭法才於海瑞任江南應天十府巡撫後，真正施行。按〈均徭冊式〉，"一條鞭法"編銀比例：田糧佔四分之三，人丁佔四分之一，在大程度上使「徭役」負擔合理化。同時避免地方官吏從中舞弊，增加攤派，並限制吏胥糧長對人民任意敲詐。誠如其云「錢糧正供有額，獨均徭官自為私，時有增益，剝民為毒。本院今就各州縣原差徭數一一較量，損其可損，益所當益。」此乃海瑞在任最重要政績，亦獲得廣大農民擁護矣。③

　　倡廉反貪：海瑞早年就孕育清廉思想，認為面對「宮室妻妾」、「財帛世界」而動心，見到「質晃裳」大官便生獻媚之念，遇有利可圖之事就拚命鑽營，然「凡百所事，不免於私己」，乃是可恥（參見〈嚴師教戒〉文）矣。④

　　海瑞任官後，更是「嚴於律己，不染流俗」，無論在淳安、興國（知縣），抑應天巡撫任上（顯赫高官），規定各地官員，不准奢侈鋪張，不得騷擾百姓。海瑞不但以身作則，而且訂為制度，形成法條，要求所屬官吏共同遵守之。

　　海瑞所訂〈倡廉〉規定，加以補充制訂〈督撫條約〉、〈續行條約册式〉，作爲自己和下屬官吏規定法規：禁止迎送闊氣、禁止給過客（過往官員）送禮、禁止苛派銀糧、差役，禁止假公濟私，不准用公物「充人情」請客送禮（如不分公私，混行支用，以貪贓論），禁止奸利侵呑，禁止賄賂書吏等。且令行禁止，「敢有一事一字不遵，一時一刻遲誤者，決不輕貸」也。⑤

海瑞敢於據理力爭，甘冒殺頭死罪，上〈直言天下第一事疏〉，斥責世宗（朱厚熜），昏庸無能，聽信道士，大興土木，揮霍朝廷錢財，給百姓帶來極大貧困，給社會造成莫大危害。這種大無畏精神，受到世人敬佩。⑥

抑富扶貧：江南地區豪富最多，土地兼併嚴重。“豪家田至七萬頃、糧至兩萬（石）”，官僚地主擁有大片田地，農民爲逃避賦役，把田地奉獻或抵押給豪富權勢者，罄竹難書，不勝枚舉，無法計算矣。

海瑞巡撫松江府，華亭縣農民，控告鄉官侵田者，有達萬人之衆。於〈被論自陳不職疏〉中極憤慨云：「蓋華亭鄉官田宅之多，奴僕之衆，小民詈怨無限，兩京十二省無有也。」海瑞「素疾大戶兼併，力摧豪強，撫窮弱，貧民田入於富室者，率奪還之。」（見《明史・海瑞傳》載）。勒令江南大地主勢豪全部退還侵奪民田者，就徐階（曾救過海瑞）亦無徇情而有例外。⑦

海瑞並針對社會弊病，制訂招撫扶助政策措施，計有（一）有田才徵差稅，無田就免。（二）逃流者可赴縣告查，取回被占產業，贖回男女。（三）無田的分給荒田，並派工力幫助開墾。分給住房和耕牛，安置生活。不能耕作的按照鄉例，每日發給銀二分，各隨所用。（四）凡新回的人，給予執照，三年後待生活充足，才派差役。⑧

海瑞〈興革條例〉云「弱不爲扶，強不爲抑，安在爲民父母哉。」其歸民侵田，扶助貧民之措施，對恢復其發展農業生產，殊有重要作用。

興修水利：應天十府原係全國最富饒地區，明隆慶三年（1569）己巳，江南遭遇嚴重水災。使吳淞江流經蘇、松、常、杭、嘉、湖六府，災區糧食損失慘重。海瑞〈開吳淞江疏〉：「吳淞江一水，國計所需，民生攸賴，修之舉之，不可一日緩也。」又云：「三吳水利，此爲第一」（參見〈處補練兵銀疏〉文）。

海瑞在興修水利過程中，進度迅速，成效顯著。采用「以工貸賑」方法，招募饑民參與工作，按工發給銀、米。既解決水利，又賑濟饑荒，使十三萬饑民渡過難關。

海瑞在明隆慶三年（1569）己巳歲十二月，親到上海縣視察，並派人進行測量，測得吳淞江淤塞當濬者約八十餘里，決定立即動工。次歲（1570）庚午正月初開工，二月底遂告完成，其時不過兩月，疏濬成功，非海瑞之力，安能了此大事哉。⑨

海瑞又到常熟縣白茆河勘察，測量河面最闊者不過四丈，水深不過四尺，狹者不到二丈。於三吳靠北一帶縣分，深受其害。海瑞仍用「以工貸賑」辦法，招收常熟縣饑民參加。明穆宗隆慶四年（1570）庚午二月動工，三月告成，疏濬二十八里河道，解決長期無法解決的水利問題。⑩

在疏濬吳淞江和白茆河過程中，經費乃用各府州縣之贓罰銀，暨蘇、松、常三府漕糧。於〈開白茆河疏〉云：「不取之民，不損之官，只以倉庫之積給之。」由於解除江南水患，使太湖水流入大海，用渠道之水灌溉農田。王國憲《海忠介公年譜》

有云：「由是旱澇有備，年穀豐登，吳民永賴，樂利無窮，公之開河之功，創三吳所未有矣。」

裁員汰兵：海瑞初到江西，蒞任興國知縣，查察縣內政事，深感縣境雖小，唯積弊與庸員不少。於〈興國縣八議〉（革冗員）：「有是事，然後是官設焉。先年增設，夫豈無謂也哉。然前後之時事不同，則前後之官員亦當酌處。」原機兵有百長、總甲、隊長，至團營又有把總諸員統管。哨官多為膏粱子弟，於操戰毫無武藝倡導效益，且開一酒食、拜禮、需索之常例，形成擾騙，當加裁革。先設管糧主簿一員，又捕盜主簿一員，力主捕盜事歸典史，裁撤捕盜主簿之官員。然非要衝而設驛遞，非要害而設巡檢者，皆可裁革。此外，縣儒學生員，袛有七十餘人，教諭一員足夠，訓導似亦冗員，認為應予裁革。這些裁革官員申文，大都被上司允准，海瑞全力執行。⑪

明代之募兵制度，帶給百姓極為沉重的負擔，兼以所招募者，大都是游手好閒之輩，難以防禦盜寇。於江南地區，其應天、蘇州、松江、常州、鎮江五府，所負擔募兵軍餉等費用，每年協濟銀計一十八萬九千四百二十八兩有奇。海瑞奉命巡撫江南，於〈革募兵疏〉直言：「二三十年來，廣、閩、浙、直之變，大抵生自募兵，召之則為兵，散之則為賊。」於是顯見，海瑞在江南巡撫任內，就已奉准遣散募兵，停止徵派軍餉銀耶。⑫

海瑞，然非莫需要兵防，而是不贊成地方募兵。並力倡勵行「家自為守，人自為戰，何事客兵！」乃實行保甲法，責之當地居民、甲長、保長。在任淳安知縣始，便飭令施行保甲法，地方安全分由當地鄉兵負責。

夫"保甲法"者，就是把各都圖街道之人戶，依照居止嚴密編組訓練，並賦予"聯防巡夜，救援追捕"，暨抵禦"外侵內掠"任務。按常例"十戶爲一甲，三甲或五甲編爲一保"，其甲長、保長，皆薦選有德行威望者任之。每戶三丁出一壯丁爲鄉兵，參與保甲活動，習學武藝，執行任務。⑬

　　按"保甲法"，旨在"寄兵於民"，不但"守望相助，弭盜安民"，而且"出入相友，互相勸勉"，於是"禮義漸興，民風日厚"。於是顯示，海瑞推行「保甲法」，乃極有灼見的措施。

注①上〈量田申文〉，收在《海忠介公全集》（卷之二·申文）

注②上〈均徭申文〉、〈均徭稟貼〉，收在《海忠介公全集》（卷之二·申文、稟貼）

注③〈均徭册式〉，收在《海忠介公全集》（卷之二·册式）

注④〈嚴師教戒〉，收在《海忠介公全集》（卷之五·議論）

注⑤〈督撫條例〉、〈續行條約册式〉，收在《海忠介公全集》（卷之二·興革條例、册式）

注⑥上〈直言天下第一事〉（治安疏），收在《海忠介公全集》（卷之一·策疏）

注⑦上〈被論自陳不職疏〉，收在《海忠介公全集》（卷之一·策疏）

注⑧〈招撫逃民告示〉，收在《海忠介公全集》（卷之二·告示）

注⑨上〈開吳淞江疏〉，收在《海忠介公全集》（卷之一·策疏）

注⑩上〈開白茆河疏〉，收在《海忠介公全集》（卷之一·策疏）

注⑪〈便宜八議〉，收在《海忠介公全集》（卷之二·興國縣政事）

注⑫〈革募兵疏〉，收在《海忠介公全集》（卷之一·策疏）

注⑬〈保甲告示〉、〈保甲法再示〉，收在《海忠介公全集》（卷之二·告示）

　　海瑞自幼深受儒家思想薰陶，兼以出身中層家庭，平日接觸貧困百姓，目睹民間疾苦，而孕育「忠君愛民」思想。於〈政序〉曾云：「學者內以修身，外以為民。爵位者，所托以為民之器也。……」（參見《海忠介公全集》卷之三·序／頁三六六～三六七）。

　　海瑞重視法治，剛正不阿，執法嚴明，絕無徇私。誠如〈治黎策〉云：「得其人而不得其法，則事必不能行。得其法而不得其人，則法必不能濟。人法兼資，而天下治成。」（參見《海忠介公全集》卷之二·策／頁一〇一）於是顯示，不管對甚麼特權，如果違背封建法律，都要究治。並嚴正宣布：「贓在官者，法無赦」矣。

　　海瑞生活樸素，倡導廉介節約，反對奢侈鋪張，嚴禁浮華浪費。於臨終時，兵部送柴火銀子，多算七錢，立刻退回，就其典範。其思想與功業，具有歷史地位與當代價值，同時亦產生深遠影響與積極的時代意義。

三、風　格

　　海瑞自幼失怙，寡母謝氏守節撫孤，口授《孝經》、《大學》、《中庸》諸書。長就外傅，訪擇嚴師（吳南灜）教之。於讀郡庠時，嚴課功修，常與同儕辯論學術，人稱"道學先生"。

　　海瑞（忠介）立當"聖賢"志願，並堅持不懈。因而終生激勵其"讀聖賢書，幹國家事"壯志雄心，故其生平所學，以剛為主，唯務識真，必為聖賢，嚴惡鄉愿。於是顯示，海瑞立身處世的思想行為最高指導原則。

海瑞從小接受儒家思想薰陶，深受孔子、孟子、朱熹、王陽明影響，始終堅持"唯儉才能廉，唯正才能剛"信念。無論是遭受「攻擊、排擠、辱罵、坐牢、罷官」境遇中，莫無貫徹其道，本諸"富貴不能淫、貧賤不能移、威武不能屈"大丈夫的偉大精神，充分顯現其獨特風格。

（一）、尊聖守道：依明代《會典憲綱》規定，學校與別處不同，不下跪是爲維護"師道尊嚴"。由於時人未按會典行事，反覺海瑞標新立異，而變成驚世駭俗大事。

明世宗嘉靖三十二年（1553）癸丑閏三月謁選，授福建省南平縣儒學教諭。遂申明〈教約〉（十六條），暨〈申朱提學道教條〉（二事），規定「參謁禮義，一遵會典憲綱，力以其身爲標幟。明倫堂不跪，道旁不跪，迎送郭門不出。上官至，一見後不復有司作三日揖。」①

海瑞於南平教諭任上，時郡守諸大夫視學，進明倫堂，教官謁見者皆左右跪，公當中挺立，諸大夫色艴，語侵曰：「安所得山字筆架來？」蓋指公也。由於"山字"像個筆架，故獲得"筆架博士"雅號。

依清·屈大均《廣東新語》載云：「御史詣學，公不拜，曰："若至臺院，當以屬官禮見。此堂乃師長教士之地，體不應細。"兩訓導夾公長跪，公立當中，時謂筆床學士。」然行是"憲綱禮"，世傳"海筆架先生"。

海瑞亦以「區區禮節不見諒於人，謂此闕陷世界，何能有濟，遂告休。」適爲福建學憲朱衡（字鎭山，江西萬安人）慰留，調正誼書院修書。唯海瑞作風依舊未變，無論是按院、分守道蒞臨進見，公乃長揖不跪。由於教官係代表先聖孔子立身行教，若自我卑躬屈膝，放棄師道尊嚴，便辱及先聖矣。故海瑞敢於堅持謹遵《會典憲綱》規定行禮，充分表示＂讀書人＂骨氣，對世人必有所啓迪也。

海瑞在南平任教四年有餘，對當教諭一職極爲重視，公認爲「人材所由造，世運所由理，其職亦何尊且難。」唯世人未察，「故居此官者，多捉捉不舉其職，士習蠹而吏治偷，有由然矣。」由於海瑞在任教諭期間，對諸生「以禮爲教，其講道論德，以及經義治事，一一實事求是，不爲俗學所染。」故在任教職期中，成績顯著有斐聲，擢陞浙江省淳安縣知縣。②

（二）、剛正不阿：海瑞一生行事及作風，其剛直不阿，執法嚴明，鐵面無私，疾惡如仇，關懷百姓，爲民謀利之品格，令世人欽敬，亦可匡正世道也。

甲、抗挫權貴：海瑞自明嘉靖三十七年（1558）戊午春，擢浙江省淳安縣知縣，迨明嘉靖四十一年（1562）壬戌十二月，調任江西省興國縣知縣，約在職五年。於初履其境，親睹生民疾苦萬狀，官員壓迫剝削百姓，以權謀私，貪臟枉法，兼以徵賦繁重，徭役不均。於是海瑞制定〈興革條例〉，告示〈禁約〉，銳意興革積弊，革除陋規，整飭吏治，救民疾苦。特別是＂不畏權貴＂，傳誦於世人。

一是總督胡宗憲子過淳安，作威作福，仗勢欺人，怒懸驛吏，叱喝罵人。公以曩日胡公按部，令所過毋供帳，今盛裝以行，必非胡公子。發橐金數千，納入國庫。並具情馳告宗憲，要求嚴格懲治，宗憲必有怨懟，亦不敢罪公矣。

一是權相嚴嵩親黨，左副都御史鄢懋卿，巡理東南鹽政。並告示各縣：「素性簡樸，不喜承迎，凡飲食供帳，俱宜儉樸爲尙，毋得過爲華侈，靡費里甲。」然行部每過一地，排場闊綽奢侈，敲詐勒索無數，監司郡邑諸吏，膝行蒲伏，跪上食。攜妾偕行，制五彩輿，令十二女子舁抬。儀從煌赫，道路傾駭。公不顧，密執鄢憲令「巡歷所至，務爲節省」諭示，申文詳請，得鄢憲批，悉捕按如法耶。

　　鄢憲行部時程，一日當至嚴州，守令相戒，盛爲供具以待。公獨上稟帖：「傳聞所至與憲牌異，欲從憲牌，則懼招尤。欲從傳聞，則恐違憲意。下邑疲敝，未知所從。」鄢匿言曰：「照憲牌行」。然鄢遷道去，不過嚴州矣。迨鄢巡事竣，嚴州諸吏故無害，太守見公，謝曰：「好了淳安百姓，難爲汝！難爲汝！」

　　巡鹺御史袁淳按部至淳安，見公送迎不遠，供應不多，有所鈞付，不唯唯應。詐曰：「汝即欲學府官樣，還未！還未！」已而公給由申呈，駁云：「方呈給由，已爲陞任之狀，倨傲弗恭，不安守分…」等語。公〈給由申文〉辯論曰：「本院糾察一方……未嘗以過禮責人，德之盛也。越境奔趨，曠廢職業，或重罪責。」袁淳亦無詞批答。尋有通判嘉興之命，又以袁論之故，仍以原職改調知縣（江西省興國縣），公聽調赴部，上請〈交印文〉（參見《海忠介公全集》卷之二·申文）。

　　乙、搏擊豪強：海瑞於知縣（江西省興國縣）、巡撫（應天十府）任內，秉公執法，是非分明，不爲鄉愿。並力除蠹弊，昭雪冤獄，雷厲風行，嚴飭鄉官，豪強歛跡。於是海知縣、海都堂，便成爲被欺壓、被剝削、被冤屈者救星，深獲百姓頌揚、愛載與敬仰矣。

　　海瑞於明嘉靖四十一年（1562）壬戌十二月，調江西省興國縣知縣，在職約一年又十個月，除條陳〈便宜八議〉（亦稱：興國縣八議），暨〈申軍門吳堯山便宜五事文〉外，更有一事大快人心，稱頌於史。

　　鄉官張鰲（兵部尙書）休居南昌，其侄張豹、張魁，在興國買木材，持勢詐騙銀兩，百姓吃虧受辱，迫向縣衙控告。於是海瑞傳訊，兩侄倚仗權勢未來，後又到縣大鬧，海瑞大怒拘押，判以應得罪刑，張鰲四處求情，海公一概不理，抑殺蠻橫氣焰，於時人心大快矣。③

　　明隆慶三年（1569）己巳歲六月，海瑞由南京通政司右通政使提督謄黃，陞右僉都御史總督糧儲巡撫應天十府（包括：應天、蘇州、常州、鎮江、松江、徽州、太平、寧國、安慶、池州及廣德州）。任內制定〈督撫條約〉（亦作〈督撫應天條約〉三十六款）、〈續行條約册式〉（九事），斥黜貪墨，矯正浮淫，釐清宿弊，嚴懲不法，卵翼窮民。主持清丈田畝，貫徹一條鞭法，裁革常例，興修水利，政治精明，績效斐然，黎民德之。唯爲言官誣妄，改調南京糧儲，未幾裁革總督糧儲，並將所轄事務，劃歸南京戶部侍郎。遂告養乞歸田（於世謔稱：海瑞罷官）。於江南督撫，不過九個月，誠屬憾惜矣。④

　　徐階（相閣尙書）氏（係江南最大地主），告老休居華停，其兄弟子僕（多爲地方豪霸），仗勢橫行，侵奪百姓田地，多達四十萬畝，家奴數千之衆，被告訟案山積。海瑞不徇私情而枉法，公然勒迫徐家，退還霸占民田，遣散強擄奴婢。並將兄弟與兩子徐璠、徐琨，暨惡僕十餘人，判邊遠充軍罪，三子徐瑛革職爲民。

　　徐階（首輔）在海瑞上〈治安疏〉切諫，世宗怒而下詔獄，曾在嘉靖帝前曲意救護，並代草「遺詔復原官」，亦當說是有恩於昔。同時託請當權宰相張居正出面講情，然海瑞乃依法行事，公私分明，惡講鄉愿，枉法徇情。於是顯見，海瑞「執法嚴明」與「不恤傭俗」精神。

（三）、**敢言直諫**：依《明史》（卷二百二十六·列傳第一百十四）載，海瑞擢戶部雲南清吏司主事時，世宗（朱厚熜）享國日久，不視朝政，深居西苑，恣意齋醮。督撫大吏，爭獻符瑞，禮官輒表賀。廷臣自楊最，楊爵得罪後，無敢言時政者。並寵信嚴嵩，權政二十餘載。結黨營私，任意貪污，非常腐敗。

明嘉靖四十五年（1566）丙寅春月，海瑞謹奏〈治安疏〉：「直言天下第一事，以正君道、明臣職，求萬世治安事。」詳陳「天下吏貪將弱，民不聊生，水旱靡時，盜賊滋熾。」而百姓臆言"嘉靖者，家家皆淨，而無財用也。"力勸世宗「翻然悟悔，日視正朝，與宰輔、九卿、侍從、言官，講求天下利害，洗數十年君道之誤，……」

海瑞終以不勝戰慄恐懼之心，諍諫「夫君道不正，臣職不明，此天下第一事也。於此不言，更復何言！大臣持祿而外為諛，小臣畏罪而面為順，陛下誠有不得知而改之行之者，臣每恨焉。是以昧死，竭忠惓惓為陛下一言之。一反情易向之間，而天下之治與不治，民物之安與不安，於焉決焉。伏惟陛下留神，宗社幸甚，天下幸甚。」⑤

海瑞冒死上奏〈治安疏〉（謔稱：海瑞罵皇帝），轟動於世，"一日直聲震天下，上自九重，下及薄海內外，無不知有海主事。"甚且諸宮婢，有受鞭打刑罰時，亦言「皇上受詈海瑞，而泄忿於吾輩」矣。

世宗得疏，非常忿怒，抵之於地，顧左右曰：「趣執之，無使得遁！」時宦官黃錦在側曰：「此人素有癡名，聞其上疏時，自知觸忤當死，市一棺，訣妻子，待罪於朝，僮僕亦奔散無留者，是不遁也。」帝默然，少頃復取讀之，亦爲感動太息。故召閣臣徐階議內禪，因曰：「海瑞言俱是，朕今病久，安能視事。」并批疏"詈主毀君，送錦衣獄。"遂逮海瑞，下詔獄，尋移刑部，論死。於是顯見，海瑞"竭忠直諫"的不怕死精神。

（四）、廉潔節儉：海瑞處於「全國吏治腐敗，貪贓賄賂風行」時代，其時貪官污吏，拼命搜刮民脂民膏，令人怵目驚心。唯海瑞卻出於污泥而不染，終生崇尚儉樸，清廉自勵，不貪財、不受賄，不謀私利。世以"清官、好官"著稱於史，素有"南海青天"讚譽。

甲、苦節儉樸：海瑞一生崇尚儉樸，反對奢侈，自幼養成"節儉、樸素"的好品格。誠如瓊人許子偉云：「公性簡約，所服衣冠，強半篋仕時物。居常不治酒肴，或蔬飯杯茗，與客對談而已。」⑥

明嘉靖三十七年（1558）戊午春，擢浙江省淳安縣知縣（五月初到任）。於任內，官署中有空地，要求親人、老僕、屬下，墾植"禾麥、蔬芥、瓜果"，且夕取用自瞻。空暇亦讓其上山打柴，絕不准其違法亂紀。

明萬曆二年（1574）甲戌，張居正當權，疑忌海瑞獲譽"清官"辭有不實，密遣巡按御史廉察其真相。御史往瓊山瑞家視之，設簡陋雞黍相對食。并云：「君子趨於義，小人趨於利，今昔皆然。惟我不善趨於利，致使御史納此薄餐，勿見怪也。」御史目睹現狀，無詞以對。深感居舍蕭然，生活寒素，無隙可尋，長嘆而去。然張居正憚瑞剛直，不敢召用也。

海瑞任官十多年，竟然素絲不染，家室不添新瓦，居宅亦不過是先祖遺留，而難蔽風雨舊屋而已。罷官歸里，亦無所增益，其清節罕有矣。

乙、廉潔奉公：海瑞一生，嚴於律己，廉潔自守，反對貪墨，拒絕行賄。每任一職，革除陋規，禁止送禮，嚴懲貪官，整肅紀綱，以匡世道也。

按〈知縣常例〉，亦就是攤派在田賦上附收，以補貼縣官的陋規，係一種合法的貪污。惟海瑞拒絕給上官行賄，亦有人勸其隨和習俗，以免葬送自己前程。海瑞憤然地說：「全天下的官都不給上官行賄，難道就都不升官？全天下的官都給上官行賄，又難道都不降官？怎麼可以為了這個來葬送自己呢？」續云：「充軍亦罷，死罪亦罷，都甘心忍受。這等小偷行徑，卻幹不得！」

依照常例，知縣上京朝覲，可從里甲、雜項攤派四五百兩銀子，以至上千兩銀子，以便進京行賄，而京官把朝覲年看成是收租的年頭。然海瑞於淳安（知縣）任內兩次上京，只用了路費銀四十八兩，其他一概裁革袪除，以減輕公庫（百姓）負擔矣。

明萬曆十五年（1587）丁亥冬十月，瑞有病，不服藥。臨終前三日，兵部遣送柴薪多算七錢，立刻退回，不肯絲毫有染。於十四日卒於留都，僉都御史王用汲入視，葛幃敝籝，有寒士所不堪者，為嘆息泣不能收。替其清點遺物啓篋檢視全部家財，僅存祿銀拾餘兩（吳晗〈論海瑞〉作：薪俸銀一百五十一兩），舊袍數件，綾、紬、葛各一疋，其貧無可給棺椁，王用汲率諸御史，相與醵金治具以殮。

綜觀海瑞畢生為人處事，守正不阿，公私分明，秉公執法，不講私情。特別是"敢犯權貴，嚴鋤豪強"大不畏作為，深受世人欽敬。尤其反對貪污行賄，反對奢侈浪費，揚厲宦場，廉潔奉公，苦節自礪，一文不苟，清貧如故矣。

注①海瑞〈教約〉（十六條），暨〈申朱提學道教條〉（二事），收在《海忠介公全集》（卷之二）

注②張廷玉等奉敕撰《明史》（卷二二六·列傳第一一四·海瑞），黃秉石〈海忠介公全傳〉（宰邑第二章），收在《海忠介公全集》（卷之首·傳）

注③海瑞〈申軍門吳堯山並守巡道請改招詳文〉，收在《海忠介公全集》（卷之二·申文）

注④吳晗〈論海瑞〉（代序），收在《海忠介公全集》校注本（頁一〇～三〇）

注⑤海瑞〈治安疏〉，收在《海忠介公全集》（卷之一·奏疏）

注⑥吳晗〈論海瑞〉（代序），收在《丘濬海瑞評介集》（第二輯·海瑞評介文薈·頁五七四～五九二）

四、軼　事

海南於明代著名先賢：丘濬、海瑞，其政績功業，道德文章，風範長存青史，浩然正氣貫乎古今，世人莫無景仰。而相關丘、海二公之民間傳說故事殊多，於今尤盛傳不衰。其流傳地域極廣，足跡所至的地方更多，尤其海南故鄉，更是不勝枚舉。唯兩者傳說趣事，則迥然不同矣。

丘濬（1421～1495），係“一代文臣之宗”，才華洋溢，著作等身，乃明代大文學家。丘濬自幼聰敏穎異，勤勉嗜學，落筆為文，數千言立就，夐出倫輩。其才思敏捷，又博學多才，詩文歌賦，莫無精通。尤善聯語絕對，更為精妙，於六歲咏〈五指參天〉詩，名揚京師，時譽為冠世佳作，獲得"瓊州神童"的讚譽。其幼年傳說趣事，於今邦人士子，尤津津樂道也。

海瑞（1513～1587），係明代第一廉吏，亦是一位傑出的政治家，暨卓越的財經改革家。由於生長在農村，從小生活就與農民相聚，非常瞭解民間疾苦。生性誠實耿直，簡樸節儉，而養成「不貪財、不奢侈、不謀私利」性格，暨「言行一致，表裏如一」的實踐精神。

海瑞自幼生活節儉樸素，終生為官清廉自守，反對「奢侈浪費、貪墨受賄、鄉愿通融」。無論是在知縣與巡撫任內，剛正不阿，疾惡如仇，勤政親民，愛民如子。於是海知縣、海都堂「堅持公義」和「為民謀利」作風，在百姓心目中"正義"象徵，暨被逼害、被欺侮、被冤枉的民衆救星。其事跡在當時民間廣為流傳，有如：人性化雅事、小說化故事、戲曲化趣事、神格化奇事。於今人們記憶猶新，待人回味，耐人尋思，發人深省矣。

（一）、人性化雅事：海瑞在日常生活中，一言一行，富有人情味，相傳於民間，文人雅士著傳者，亦不勝枚舉耶。

小鯉成龍

海瑞幼年時代①，有次在溪中捕獲一條"小鯉魚"，便向父親討個小木盆來飼養，說要讓它長大"變蛟變龍"。父親笑他不懂事，並說"鯉魚"只有在大江大河生長，方能"變蛟變龍"，小木盆怎能養"鯉魚"變蛟變龍？於是海瑞對父親說：「那麼！我在這小山村，能讀書成名嗎？」

　　海父於是事獲得啓示，深知海瑞有志氣，便遷往瓊山府城落居。府城係瓊州府治地，人文薈萃，學風鼎盛，人才輩出，科甲迭起，海瑞果中舉人，累官：南京都察院右都御史，著名於青史，永垂不朽矣。

注①據傳說，海瑞祖籍原在定安縣之石夾村（今屯昌縣新興鎮海公嶺下），由是故事，反映海瑞少有大志與遠見。同時亦提供海瑞出生地的研究線索，雖然石夾村人，都說海瑞祖籍在石夾村，附近亦有海公嶺，嶺上還葬有海瑞的祖墳，但這只是一則傳說，不足以為憑，袛供研究參考（許榮頌《鄉土襍錄》頁一四七～一四八）。

剛峰不拜

　　海忠介為教官，御史詣學，公不拜，曰：「若至臺院，當以屬官禮見。此堂乃師長教士之地，體不應細。」兩訓導夾公長跪，公立當中，時謂“筆架學士”。

　　蓋教官者，能尊其身，而後能尊先聖。不能尊其身，則何以代先聖而行其教，其辱先聖莫大焉。御史如賢，當以忠介之言，請於朝，定為儀注（清‧屈大均《廣東新語》卷九‧事語）。

海瑞牽纜①

　　海瑞陞任淳安知縣後，勵精圖治，一心為國為民，大凡興利除弊之事，無有不作者。並且鐵面無私，審案如神，嘗便衣私訪，遇豪強盜匪，不計個人得失，必定嚴屬懲辦。到任幾月，治績斐然，於全縣安如磐石，民歌樂利，百姓呼為“海爹”。

　　嚴嵩奸黨張志伯，奉差糾查各省縣錢糧，並賜“上方寶劍”

展示天威。張志伯氏，仰仗權勢，憑風推牆，到處「搜刮財物」。山東歷城縣令，由於沒給賄賂，遭張志伯枉殺。海瑞聞訊，搖頭嘆說：「天子差使這樣奸人當任巡撫，怎否亂國擾民呢？」

未一月，張志伯巡查抵淳安縣，先遣旗牌到縣衙報知海瑞，備籌役夫費銀三萬兩，暨縴夫百名待用。海知縣怎肯應允，並說：「錢銀是國家財寶，百姓血汗，怎可輕易動用？至於民夫，應讓其自由生產，豈敢隨便浪費勞力？」旗牌卻狐假虎威，大吵大鬧。

海瑞大怒說：「你這差役，仗勢強橫，藐視國法，胡鬧皇堂，敢對本縣如此無禮！」叱令衙役拿下，重打五十大板。眾衙役吶喊一聲，把旗牌打得皮開肉綻，大聲連叫「饒命」。

海瑞自知冒犯上司，便帶旗牌同來，向張志伯請罪。張問怎麼回事，旗牌哭啼著訴說情事。張志伯聞言，頓時氣得五臟俱裂，大聲叱說：「你這樣辱藐本官，看上方寶劍殺不得你嗎？」海瑞笑曰：「上方寶劍只能誅有罪之人，瑞不犯罪，怎能殺呢？公奉聖旨稽肅奸貪，優撫百姓，出巡不過夫役數人。今公開派縴夫百名，銀子三萬兩，取作何用？」

海瑞從袖裏取出算盤，計算說：「公所巡過州縣，多者二、三萬兩，少者不下一萬，大約共索贓銀三百餘萬兩。此外，尚有珍珠寶玉器皿布帛等貴重物品無數。這些財物統統刮入公之私囊。今縱然殺了海瑞，恐怕公今後亦得不到好收場。」

海瑞此句「剛毅」正言，駁使張志伯啞口不語。並暗想：海瑞是塊難啃的硬骨頭，惹他不得。便苦笑著說：「好吧！明天本官就要回去，你只用供應縴夫百名，為我牽纜就是。」海瑞卻假意地答應了。

　　次日早晨，張志伯在大船上，滿懷期望海瑞帶領百名縴夫來牽纜。誰知海瑞祇領著眾衙役前來，一齊下水去牽纜。岸上百姓看見，大為感動地說：「海爹是我們的父母官，如此愛惜百姓，不叫我們來牽纜，卻親自去牽，我們心中怎忍？」說著，大家都跳下水去，一齊把纜牽住。

　　張志伯坐在船頭，見海瑞“撩腳掰肱”②，在水中用力拉纜，認為是個不顧體面“瘋知縣”，不自主地站起來，笑得直不了腰。一不留神，踩著一支圓木棍，腳一滑，身體便栽下船去，像種樹一樣，把頭插在河泥裡。幸好水深不過膝，二手在水面上亂拍，二腳在空中亂捅。嚇得眾隨從魂不附體，急跳下去，從爛泥中拔起來，並忙著把身上爛泥洗淨，然後扶上了船。

　　張志伯這貪官，弄得狼狽不堪，口裡只顧叫著“快開船”。這時，猛然倒在鋪蓋上，只求好好地安息，再亦不管海瑞的事。

　　海瑞牽纜的軼事，成為世人之千古珍聞，載道口碑。

注①張任君《古代瓊州才子故事選》（頁六一～六三）題作：牽纜。
注②撩腳掰肱，係把袴筒衣袖捲起來的意思。

皇壽獻禮①

　　傳說，海瑞在淳安縣任知縣時，適連年災荒，黎民百姓衣食艱難，生活非常辛苦。但嘉靖皇帝，在一班妄臣慫恿下，卻要大慶皇誕，行文各州縣，強令籌辦賀壽禮品。海瑞知悉此事後，自忖當今正值連年災荒，人心惶惶，皇上卻要大慶壽誕，加重百姓負擔，這不是拿社稷基業來鬧著玩嗎？

於是海瑞暗自決定，不僅莫籌備壽禮，反而發放庫中存糧，極力救濟災民，組織百姓，生產自救。迨嘉靖皇帝壽慶之日，海瑞卻用災民食用的野菜，和著糠皮做個特大"饅頭"，蒸熟後放在陶碗裡，用大紅包住，裏面放置自譔的奏疏，作為慶賀皇壽之禮品，呈獻上去。

嘉靖皇帝壽誕當天，皇宮裡張燈結彩，弦管歌舞，大排筵席。文武百官錦袍玉帶，山呼賀壽，紛呈賀壽禮品。有送：綾羅綢緞、山珍海味、珠玉古玩，琳瑯滿目，價值連城。唯有海瑞呈獻壽禮，卻是粗陶碗盛著一個特大"野菜饅頭"。內監大為腦火，齊說海瑞斗膽包天，竟敢侮慢聖上，真是罪該萬死。

內監立刻呈上大陶碗，奏知嘉靖皇帝。嘉靖打開觀之，一股苦澀的野菜味，直衝胸肺，不覺雙眉緊蹙，怒形於色，正待發作，突然轉念暗想：海瑞這小知縣，向來政績卓著，頗有賢名，今是自己壽慶之日，發作恐惹百官竊笑，兆頭亦不吉利，於是將怒火壓下，拿起海瑞奏疏細覽。

海瑞奏疏，詞情懇切，道理清晰。嘉靖頓有醒悟，暗地佩服海瑞忠心與膽識。內心忖量：雖然此舉大掃寡人興頭，惟正好借此行些德政，收拾人心。於是，立刻在文武百官面前，嘉獎海瑞知縣，並撥一批糧款給淳安縣，以救濟災民。

海瑞"野菜饅頭"賀皇壽的故事，於今尚在流傳，深為世人津津樂道矣。

注①許榮頌《鄉土襍錄》（民間文學·頁五九～六〇）題作：海瑞賀皇壽。

剛峰不遁

世廟閱海忠介疏，大書曰：「此人有比干之心，但朕非紂也。」持其疏遶殿而行，曰：「莫使之遁」。一宮女主文書者，在旁竊語曰：「彼欲為忠臣，其肯遁乎？」世廟尋召黃中貴問狀，對曰：「是人方欲以一死成名，殺之正所甘心。不如囚之，使自斃。」世廟是其言，囚之三年，得不死。

公之學以剛為主，其在朝氣象巖巖，端方特立。諸臣僚多疾惡之，無與立談。顧黃中貴何人，乃獨知其為忠，曲為拯救。非至誠之極，而能感動若是乎？公嘗言，今之醫國者只有甘草，處世者只知鄉愿。又言孟子惡鄉愿，其功不在禹下。湛文簡云：「老子鄉愿一途耳，鄉愿似多一媚字。」尤先得公心，公在獄，聞世廟崩，方食，盡吐下，一慟幾絕。

瓊州有忠介石坊者，崇禎癸未春，石坊每日流血，淫淫落淚。明年五月，威廟哀詔至，血淚乃止。蓋公之神靈，存歿無間，知國之將亡而主殉，故先之哀痛若此。嗟乎！忠哉！（清·屈大均《廣東新語》卷七·人語）

晝夜用刑

嘉靖四十五年（1566）丙寅，戶部主事海瑞上疏規切上過，已下錦衣拷問。刑部擬絞，其疏留中久不下。戶部司務何以尚者，疏請寬宥之。上大怒，杖之百，下錦衣鎮撫司獄，命晝夜用刑。初意用刑不問晝夜，不浹日必死矣。

後以尚逢穆宗登極赦出，仕宦又二十餘年。心嘗疑之，以問前輩仕人。云此刑以木籠四面攢釘內向，人囚處其中，少一轉側，釘入其膚。囚之膺此刑者，十二時中，唯危坐如偶人。噫！此亦不堪其苦矣。

　　史謂以尚探知上無殺瑞意，故上此疏釣奇博名。且疏內云：「臣已收買龍涎香若干，爲醮壇祝延聖壽之用。」其詞諂佞，故上燭其奸，而深罪之。此史，張江陵筆也。以尚後起從部郎得光祿寺丞，又外轉四川僉事，尋以考察降調，亦江陵意也。其後又從謫籍起爲南戶部郎，時海瑞已拜南少宰，以尚欲與講鈞禮，不許，大詬而出，不復再見，海亦不悔謝，蓋二人俱負氣士也。

　　五代史記閩臣薛文傑爲王鏻造檻車，謂古制疏略，乃更其制，令上下通中以鐵芒內向，動輒觸之，旣成而首罹其毒。今何以尚所入者，正與此同（明·朱國禎《湧幢小品》卷二十一）。

晉陽疏救

　　海忠介被論，李晉陽大武，時爲庶吉士，憤然不平，具疏論救，以非言官，不果。後諫臣聞之，偕同年訪晉陽邸中，因從容詢之。晉陽欣然出原草示，擊節稱善，遂採其十之六，爲疏以上（明·沈國元《皇明從信錄》卷三十五·引漫錄）。

華亭歸田

　　徐華亭在事日久，家產又多，子弟奴僕難道無得罪上官鄉里處，又與高中玄隙末。歸田之後，蔡春臺備兵蘇松，性素疆直。一番擾攘，自然不免。其歸過于高、于蔡，又或歸之海忠介。考海撫吳日月，徐事已漸解矣。皆揣摩之談，不足信也。…（明·朱國禎《湧幢小品》卷九）

海瑞補靴

剛峰海公清苦之行，舉朝不能堪，亦舉朝不能及。曾以破靴一雙，發上元縣補完，乃是眞情，非沽名也。

御史房公寰，督學南畿，按臨蘇常，生員作揖，遺下二紙，大書“此房出賣”四字，所以刺之，其品可知。及忌海公剛正，極力醜詆，至目爲天下大盜，古今劇賊，亦指及補靴事。

進士彭旦陽、顧涇凡、諸敬陽不平，連名劾寰掃滅公論，排擠孤忠，乞賜罷黜。三臣皆得罪削籍，南岡鄉沈公繼山疏救三君，蒙旨切責。寰復攻海沈二公，天下共疾其誇誕無恥，竟獲優容。（明·周暉《金陵瑣事》續編卷下）

舉朝婦人

海剛峰巡撫應天時，矯激之過，令人不堪。言官劾之，剛峰辯疏：有舉朝柔懦無爲，皆婦人之語。

李石麓朝回，值揚州貢士曾同筆硯者來訪，石麓曰：「適見海剛峰疏中謂舉朝皆婦人，我非一老嫗乎？惶恐！惶恐！」

貢士曰：「只此惶恐，尙有丈夫氣。」石麓默然者，久之。（明·周暉《金陵瑣事》卷一）

宇淳發咒①

給事鍾公宇淳，惡海剛峰，每呼名而罵之，與督學房公交最密。房論海剛峰，或咎之，則曰：「此鍾掌科，慫恿我耳。」鍾乃發咒神前曰：「我若慫恿房心宇論海剛峰，當口上生疔死。」未幾，轉少參，歸家，竟死於此瘡，夫事旣眞矣。豈可以發咒掩

公論，欺鬼神乎！（明·周暉《金陵瑣事》續編卷下）

注①王夢雲輯《海忠介公全集》（卷之七·雜記）作〈鍾宇淳發咒〉，
　　另本作〈咒不可發〉，或作〈眞事發咒〉。

宦重諫臣①

嘉靖末年，陪京皇城守門宦官高剛堂中懸春帖云：
　　　　海無波濤，海瑞之功不淺；
　　　　林有梁棟，林潤之澤居多。
高之意，重剛峰、念堂二公之能諫耳。

注①明·張　萱《疑耀》（卷一）作〈宦官重諫臣〉

清苦回恨

御史陳海樓用紅票買米，減半市價，蓋積弊然也，民亦敢怒
而不敢言。

值經紀家有秀才何敬卿，持其票擊都察院鼓，告於都御史海
公。海公方尚操切，遂爾大怒，欲加懲治，賴諸御史懇求得免。
仍責皀隸三十，革去其役，即檄號於陳之衙前，實所以辱之。一
時六部兩衙門與府縣，聞風凜凜，不敢妄取市物。

海樓因此官箴有虧，恨之入骨。及剛峰死，海樓同諸御史入
其內，見剛峰受之清苦，有寒士所不能堪者。海樓乃曰：「回吾
怨恨之心矣。」（明·張萱《疑耀》卷一）

剛峰宦囊

都御史剛峰海公卒於官舍，同鄉宦南京者，惟戶部蘇民懷一人。

蘇檢點其宦囊，竹籠中俸金八兩、葛布一端、舊衣數件而已。如此御史，那可多得！

王司寇鳳洲評之云：「不怕死，不愛錢，不立黨。」此九字斷盡海公生平。即千萬言諛之，能加於此評乎？（明·張　萱《疑耀》卷一）

奕棋進諫①

瓊州（今海南省）僻處海外，由於賦稅繁重，百姓處於水深火熱之中。民怨沸騰，社會不安。海瑞為官廉正，不畏權勢，視死如歸，敢於冒死為民請命。

海瑞為減輕瓊州賦稅，在心中非常焦急。有一天，突然急中生智，終於想出妙計，故意與嘉靖皇帝下象棋。剛開始由於過度思慮民間疾苦，無心下棋，沒走幾步，即處於劣勢。

“將軍！”嘉靖皇帝得意地喊道，海瑞方始注意自己棋子。為力挽被動而劣勢局面，立刻聚精會神地走，未久就占上風。當嘉靖棋興正濃之際，海瑞便出其不意，乘機“將軍！”並隨著喊道：「瓊州錢糧減三分！」嘉靖不甚明瞭海瑞講的是啥意思，只顧慮自己棋步。未過一會兒，海瑞又有“將軍”機會。這一回，則一字一板地喝道：「將軍！天下錢糧減三分。」由於多次重複地念，這一次嘉靖皇帝聽得清清楚楚。不過，仍然不介意，亦不明白海瑞這句“沒頭沒腦”話的意思，倒覺得滿有趣的樣子，跟著念好像蠻好聽似的。

　　俟到嘉靖皇帝"將軍"時機，由於潛意識中形成一個念頭，便無意中學著海瑞的腔調，高聲喊道：「將軍！瓊州錢糧減三分！」海瑞聽了萬分高興。嘉靖皇帝的語音尚未落，海瑞急忙棄棋離席，跪在地上叩拜，謝曰：「微臣領旨！微臣領旨！」

　　嘉靖皇帝，頓時好像"丈二和尚"摸不著頭腦，忙問海瑞這又怎麼啦？海瑞乾脆地回答道：「萬歲不是說，瓊州錢糧減三分了嗎？」並緊接著說：「臣一定照辦！」

　　封建時代，皇帝的口是"金口"，一開口就是"聖旨"，就得照辦。嘉靖皇帝無奈，只好下令減輕"瓊州錢糧三分"。

　　注①邢益森編《海南鄉情攬勝》（寶島風姿錄·續集二·頁一八五），
　　　作〈下棋諫嘉靖皇帝〉。

　　（二）、小說化故事：海瑞畢生傳說軼事，暨精明地審理刑案，平反不尠冤獄。於是文學作家，加以渲染，致使公案小說，盛傳不衰，反而掩蓋海瑞在政治上成就。

《全像海剛峰居官公案傳》四卷　　明·李春芳
　　明萬曆三十四年（1606）　金陵萬卷樓刊　煥文堂重校印
　　本
　　李春芳《全像海剛峰居官公案傳》（凡四卷，線裝四
　　冊），又題名作《剛峰公案》，內容分七十一回。
　　　　臺灣：國家圖書館（善本）：687
《新刻全像海剛峰先生居官公案》　　明·李春芳
　　民國七十四年（1985）　臺北市　天一出版社　二冊

（明清善本小說叢刊　初篇·三輯二函）

　　按《明清善本小說叢刊》，係由「國立政治大學古典小說研究中心」主編。

《原本海公大紅袍傳》六十回　　明·李春芳

　　清光緒四年（1878）　金陵萬卷樓刊本

　　　　臺灣：中央研究院史語所：補 50

《海公大紅袍全傳》　　明·李春芳

　　一九八四年　北京市　寶文堂書店

　　　　中國：海南師範學院圖書館：11.242.4／57

《新刊海公小紅袍全傳》四卷　　清·不著撰人

　　清道光十二年（1832）坊刊　巾箱本

　　按《新刊海公小紅袍全傳》，凡四卷，線裝四冊。內容分四十二回，附：繡像。

　　　　臺灣：中央研究院史語所：補 39

《海公大紅袍　海公小紅袍合集》　　未著編輯人

　　臺北市　黎明出版社　鉛印本　一冊

　　　　（中國歷史通俗小說）

　　按《海公大紅袍　海公小紅袍》（合集本），未著出版年次，內封題名《大小紅袍合集》。於是《合集》，乃海公一生傳說故事之大成。

　　　　臺灣：臺北市·海南文獻史料研究室

　　此外，邦人士子之著述中，尚記有《海青天》、《海忠介公全傳》、《朝陽鳳》（傳奇）等…，相關海瑞之文學作品。唯因未見藏板，致無法核閱詳載，僅著其目如上，以供方家查考。

　　（三）、戲曲化趣事：海瑞傳說故事，被戲曲作家，搬上舞臺、銀幕、熒屏，尤其〈海瑞罷官〉（古裝戲），確曾風靡宇內，然亦引發「新中國」（文革時期，十年大浩劫）史上的政治大風暴。致《海瑞罷官》的劇作家，吳晗亦遭受殘酷的迫害，其"情又何奈"矣。

　　甲、平　劇：亦稱：漢劇，或稱：北京劇。於〈海瑞罷官〉（吳晗編劇）外，其〈生死牌〉（亦名：三女搶板）、〈五彩輿〉、〈德政坊〉、〈梁鳴鳳〉、〈海瑞大紅袍全傳〉（俗稱：大紅袍）、〈吉慶圖〉、〈忠義烈〉、〈海瑞市棺〉、〈海瑞上疏〉（周信芳編劇）、〈海瑞打虎〉、〈海瑞回朝〉，〈海瑞傳奇〉，頗負盛名。

　　乙、地方劇：於江浙、海南，流傳不衰。諸如：

　　　　和　　戲：〈九龍廳〉

　　　　亂　　彈：〈海瑞算糧〉，於浙江溫州流行。

　　　　瓊　　劇：乃海南地方戲，係用海南方言（俗稱：海南話，或瓊州話，屬閩南語系，臺灣稱福佬語系）演唱，俗稱：海南土戲。瓊山、海口，稱：齋。清末、民初，又稱：海南戲。海外瓊籍僑胞，多稱：瓊州戲，或曰：瓊音。於今海南各地，普遍使用"瓊劇"名稱。

〈生死牌〉（古裝戲），鍾開浩移植，於一九六〇年上演。

〈十奏嚴嵩〉（古裝戲），清光緒年間，在嘉積（今瓊海市治所在地）演出。劇中人：海瑞、嚴嵩：由黃廷生（著名大花臉‧淨腳）飾演。

〈十四字令〉（古裝戲），又名〈草寮成親〉。

　　原本作者：楊祚興（清末老藝人），劇本已佚。嘉樂班首演，於二十世紀二〇、三〇年代流行。劇中人：黃金蘭、李貴、黃婆婆、海雄、海瑞（手書"鰥夫寡婦可成親，莫令村街去行乞"十四字，故名）。

〈**歷城除暴**〉（古裝戲），改名〈水牢案〉。

原著者未詳，清代已有演出，一九五〇年亦曾上演。

一九五七年，根據老藝人吳桂連口述，蔡興洲（戈鐵）、陳鶴亭（陳推）整理，改名〈水牢案〉，廣東瓊劇團首演。導演：范仁俊、作曲：陳培英、何名科，劇中人：海瑞，由王黃文飾演。劇本：海南省瓊劇院收藏。

一九五九年一月二十五日，參與"海南區職業劇團迎接國慶十周年獻禮劇目選拔會演"，評爲優秀劇目。

〈**海瑞馴虎**〉（古裝戲）

劇本：由王白琚、陳之也移植，於一九八二年上演，由廣東瓊劇院青年團排練演出，林家杰導演。

〈**海瑞罷官**〉（古裝戲）

劇本：吳 晗編著，鍾開浩移植，於一九五八年上演。

〈**海瑞回朝**〉（古裝戲）

原本作者未詳，於清末民初，曾有同名劇本上演。著名須生：許坤章、梁鑾麒、吳桂連等演出，頗負盛名。

一九五四年，老藝人吳桂連、梁振杰重新整理，由南強劇團排演，參加"海南區戲曲會演"，深受好評。並榮獲"劇目獎"、"表演獎"（吳桂連扮演海瑞）、"演奏獎"（南強劇團樂隊）。

一九五八年，楊嘉、石萍、陳鶴亭執筆，李門、李秉義等參與創作，編撰成今劇，並沿用傳統戲〈海瑞回朝〉劇目。

一九五九年，廣東瓊劇院一團首演。范仁俊執導，王黃文演海瑞、陳華演陸元龍、紅梅演陸惠蘭、王廣花演海夫人、林秋利演王宏譸、邱宏永演房寰、李麗珍演梁雲龍、王鳳梅演陸母、蘇慶雄扮神宗皇帝、潘先統扮房應斗。同年十月，赴穗參加"慶祝建國十周年獻禮劇目演出活動"，演出〈海瑞回朝〉，獲得好評（優秀劇目）。

　　一九六〇年十二月，中國唱片社上海分社，派員來海南爲瓊劇院一團，錄制〈海瑞回朝〉等節目。

　　一九六二年五月，田漢來瓊，觀看〈海瑞回朝〉演出，並指示修改劇本。一九八二年，重新修改後，收入《廣東戲曲選》（廣州市，花城出版社印行）。

〈**海瑞回朝**〉（古裝戲）

　　劇本：係由楊　嘉、李　門，整理重編。

　　本劇取材於府（瓊州府）、縣（瓊山縣）志、《海氏族譜》，暨蔣星煜《海瑞》書中片段，係一出殊具地方特色的新編歷史（傳統古裝）戲。

　　廣東瓊劇院一團（王黃文，副院長兼團長）演出，頗負盛名。劇中人及扮演者，如次：

　　　　　海　瑞：王黃文　　陸元龍：吳孔壽
　　　　　海夫人：吳金梅　　海　安：潘先統
　　　　　海　雄：符興民

　　人偶戲：係民間小戲，採用海南臨高方言（屬泰語系）演唱。流行於海南省臨高縣、澄邁縣、儋州部分地區，暨瓊山之博片、遵譚、十字路，海口市郊區的長流、榮山、秀英等臨語地區。

　　人偶戲特色，在表演上，由於"人偶同演"與"單純人演"，兩種形式同時並存，互相促進。演人偶戲，注重發揮"人與偶"、"偶與偶"、"人與人"之間互爲一體，多彩多姿的表演方法。

〈**生死牌**〉（人偶戲）

一九八〇年，由王宗祥（臨高縣木偶劇團，團長兼編劇）移植、演出。

〈**海瑞馴虎**〉（人偶戲），由王宗祥移植（傳統古裝瓊劇）演出。

〈**海瑞囚水牢**〉（人偶戲），王宗祥編劇。

〈**海瑞回朝**〉（人偶戲），王宗祥移植。

丙、彈　詞：〈福壽大紅袍〉、〈說唱海公奇案〉。

丁、電　影：〈海瑞罵皇帝〉。

綜合言之，海瑞的事蹟，或傳說故事，被編成戲曲、彈詞、電影，不斷演出和播放，廣泛流傳，致使人記憶猶新，耐人尋味，亦發人深思矣。

（**四**）、**神格化奇事**：海瑞"神奇鬼怪"的傳說，緣自"託生"始，終於"裝死"止。其故事詭異，似眞又假，久傳於今，莫亦發人好奇乎！

神豸投胎①

廣東瓊山縣，有海氏夫婦，年逾不惑，膝下猶虛。夫人繆氏，每以爲憂，常勸立妾，以廣子嗣。海璇正色曰：「吾與汝素行善事，況海氏祖宗，皆讀儒書，歷行陰德，今吾諒不至絕嗣，姑且待之。」於是又過三年，繆氏年已四十有三歲。

有一日，天忽大雨，雷電交加，陰雲密布，暴雨奔騰，海璇閒坐書房，忽見一物，從上而下，惡貌猙獰，渾身毛片，金光奪目，直奔海氏書案下，倏然逍逝不蹤。海氏知是怪異避劫，乃任其躲藏，反以體障翼書案，少頃雷電之光，直射入書房，向海氏身上射來，說亦奇怪，那雷光一射到海氏身傍便滅。如是約半個時辰，雷聲漸漸消退，火光亦息，海氏不勝驚惶，隨即走開書桌，此時天氣復亮，雨止雷息，只見那怪獸，從案下出來，向海璇連作叩首狀，海氏明知其故，而叱之去。

那怪物出了書房，不向外走反向裡去，海氏恐夫人受驚，隨即跟進，方至內堂就不見，心中好生疑惑，只是事屬怪誕，隱而不言。未及半月，夫人竟然“癸水”未至，初時以為年老當止，三、五月後，不覺腹中隆矣。此際方知繆氏懷孕，海璇大喜，對夫人曰：「天庇善人，今天信否？」繆氏亦笑云：「此乃相公福德所至，妾藉有賴矣。」海氏曰：「凡人好善，天必佑之。況夫人貞淑賢德，幽柔婉靜，不才亦拳拳好善，感格上天，憐念海氏，特賜麟兒矣。」從此心中歡喜，更勇於為善焉。

光陰易逝，不覺十月胎期將屆，就要分娩。有一夜，海璇方合眼熟睡，忽見三人身著青衣，手持金節，向前揖曰：「奉玉帝敕賜汝一子，汝其善視之。」旋有人擁一怪獸入，海氏見其與前次避雷怪獸無疑，便問道：「既蒙玉帝賜子，怎麼將這獸物帶來。」持青節者笑云：「你那裡知道，此乃五指山之豸獸也。性直而喜啖猛虎，衛弱鳥，在山修煉七百餘年，數當遭劫，故彼曾避於君家書案下。君乃善人，神鬼所欽，故雷火不敢近君，即回復玉旨。此獸因君得免其劫，但上天有制，凡羽毛苦修，惟未馴善，不遭雷劫，即當過胎出世，先成人形，後成正果。今玉帝憐汝行善有功，故特賜與汝為子，日後光大海氏門戶者，誠此子也。」說畢，即將那獸物推到內堂去，忽聽得霹靂一聲，海璇大吃一驚，醒來卻是南柯一夢。

忽有丫環來報，夫人產下一位小相公。海璇聞言大喜，正應夢中之事。急急來到房中，見嬰兒已經斷臍，亦包裹妥當，海氏持燭細看，果然生得眉清目秀，內心大悅。並當面安慰夫人，好生調養，吩咐諸丫環，小心服侍。於彌月請酒，乃取名：海瑞。

注①明・李春芳《海公大紅袍傳》（第一回）節錄

從這神奇傳說，給予世人明示，誠如佛語「善有善報，惡有惡報，不是不報，時辰未到。」

怒罵邪神①

這一年，海瑞奉母命，會齊諸書友，同赴省城（廣州）鄉試。水陸兼程，邁向海康進發，船抵雷州登岸趕路，日暮入宿路店，海瑞夜未成眠，偶步後庭園中，時過三更之後，諸客俱已熟睡。仰望星斗滿天，萬籟俱寂，忽聞遠處傳來人語，雖然聲音低沉，唯亦清晰可辨。

甲說：「昨夜前村張家祟鬼，我們正要前往尋些飲食，偏偏又碰著這位海少保在此，土地爺好沒來由，卻要派我倆在此伺候他老人家，便安然坐著，好不教人忿氣呢！」

乙說：「你莫怨他，它乃一方之主，你我都受他的統管，怎能不聽使令，這是應該的。不必多說，恐被這老兒聽見了，又要受責罰呢！」

甲說：「怕甚麼？此老公不公道，但有得奉承他的，便由人去橫行滋鬧。若似我等窮鬼，他便專以此勞苦的差事來派遣呢！」

乙問道：「你且說他，怎的不公平呢？」

甲答道：「即此張家一事，就可見其不公矣。張家女兒，昨因上墓拜掃，王小三在路上遇見，欺她倆是孤女寡母，隨就跟著回去，作起祟來，她家好不惶慌。那天張寡婦到老兒處禱告，求他驅除，老兒初時甚怒，立刻拘來王小三，在廟裡說甚麼要打要罰他。後來王小三慌了，即忙應諾了些金帛，這老兒便喜歡至極處，不但不責罰，反而助桀為虐，任他肆擾呢！」

乙嘆說：「怪不得！張家今夜大設飲食，他安安穩穩地前去領受，卻遣我們在此伺候這海少保呢！」

另一道：「怪不得，你說他。」

海瑞聽得清清楚楚，方知是諸鬼議論，暗喜自己有這"少保"身份，不覺咳嗽一下，倏然寂靜不聲。海瑞亦回房安息，自忖土地老兒，亦受小鬼行賄，縱容小鬼作祟，坑害善良百姓，心中極為憤怒。

天明，洗梳完畢，海瑞向店主詢問附近地方情況。店主說：「近來地方鬧"病魔"，都說是小鬼作祟，攪得地方不得安寧。」海瑞便向店主問明，那裡有間土地廟，暨張家住址，給予住宿錢，告辭店主，與諸書友直向土地廟奔來。行不多久，果見路傍有座土地廟，高不過三尺，闊約二尺，內塑有神像一尊，唯是香煙冷落，廟內蛛絲張滿，案桌上塵積寸許，眾友見狀，不覺大笑曰：「如此荒涼冷落，怪不得他亦要受些賄賂，不然，十載都沒有一炷香呢？」

海瑞聽了，不勝大怒，指著那神像罵道：「何物邪神，膽憑城作崇，肆虐村民，今日吾海瑞卻要與你分剖個是非了。爲神者正直聰明，爲民悍衛殊難，賞善罰惡，庶不愧享受萬民香煙。何乃不循天理，只顧貪婪，旣不能爲民造福，倒亦罷了。怎能與野鬼串通，妖魅人閨秀，走石揚砂，百般怪崇，嚇婦女楮帛，索詐祭食，此上天所不容，凡人所共憤。吾海瑞生平忠正耿直，午夜捫心對天無愧，羞見這等野鬼邪神。」遂以手指著，喝聲，還不服罪！說尙未畢，只聽得"隆"一聲巨響，那尊泥塑神像，竟然自行倒下，於是摔得粉碎。

諸書友看見，哈哈大笑，內中一人驚問：「土地雖有不合，倒亦是個神像，今海學兄如此冒瀆，是故神怒示警，竟將本身顯聖，總當陪個不是才好嗎？」海瑞聽了大怒道：「你們亦是這般糊塗，怎麼還不替我將這烏廟折了，眞是豈有此理。」衆書友見海瑞作色，乃道：「海兄正直公正無私，即使鬼神，亦當欽服。於今何以如此氣恨土地公，罵得一無是處，使其全身化成碎泥，並折了烏廟，豈不是太過份？」於是海瑞便將夜裡，聽見小鬼私語的事告訴書友，諸書友無不敬服。齊聲曰：「海學兄，罵得好！」

內中有位書友，心裡暗想，海瑞這人"氣通天地，情感神明"，將來必定是個"超凡"人物。

自此之後，本地百姓不再鬧"病魔"，過著"安居樂業"的生活。

注①明·李春芳《海公大紅袍》（第一回·後段、第二回·前段）載，
　　張任君《古代瓊州才子故事選》（海瑞·頁五九～六〇）作：〈罵
　　土地公〉。

封禁妖魅①

　　張家村中煙戶二百餘家，張寡婦女兒，名喚：宮花，年方十六歲，生得如花似玉，知書識理，又兼孝順。其父名：張芝，曾舉孝廉出仕，做過一任通判，後因倭寇作反，死於軍前。夫人：溫氏，攜著這位小女，從十歲守節至今。由於三月清明，母女上山掃墓，豈料途中遇到野鬼王小三，欺她孤寡，跟隨到家，欲求祭祀。

　　是夜，宮花睡在床上，忽見一人，披髮吐舌，向她索食，宮花嚇得魂不附體，大聲驚喊起來。那野鬼便作祟，弄得宮花渾身發熱，頭昏眼花，口中亂罵亂笑，嚇得溫夫人不知所措。請醫診治，俱言無病，被魔祟所侵，夫人心慌了，回想：「此病定是因上墳而起」，仔細訪之，始知路傍，有一土地廟宇，想山野墳墓之鬼，必為土地公所轄，便具疏至廟中禱告，求神驅逐，祭畢回家。

　　孰知，宮花愈加狂暴，口中亂罵道：「何物溫氏，膽敢混向土地廟告我麼，我是奉玉旨敕命而來，只因你們舊日在任時，曾向上天許過願心，至今未酬。天帝最怒的是欺誑鬼神，是故特差遣我來索取，你若好加設祭就罷，否則立取汝等之命，去見天帝呢！」溫夫人聽言，自忖在任時，那曾許過甚麼願心，女兒年幼，更不必說。即使老爺在日，忠直居心，愛民若子，又沒甚麼不好之處，且平日不喜求神許願，怎說有這個舊願呢？

　　俗云：「寧可信其有，不可信其無。」這是小事就祭祀與他，亦不費得甚麼大錢財，只要女兒病愈就好了。乃向宮花道：「既是我家曾許願，年遠日久，一旦忘了，故勞尊降臨。今知罪咎，即擇吉日，虔具祭儀酬還，伏乞尊神釋放小女元魂復體，則氏合家頂祝於無既矣？」只見宮花點頭應道：「你們既知罪矣，亦罷，後日黃道良辰，至晚可具楮鏹品物，還願罷了。」溫氏唯唯答應。及期即吩咐家人，購備祭品香燭之類，於點燈時刻，虔誠拜祭一番。祇見那宮花便作喜顏悅色地說：「雖然具祭，只是嫌太薄些，可再具豐盛的來。明日三更，吾即復旨去也。」溫氏又只得應承，這一夜宮花卻亦略見安靜些。

　　次日，溫夫人正要吩咐家人，再去備辦祭品，忽見宮花雙眉緊皺，非常驚慌的模樣，在床上蹲伏不安，口中呢呢喃喃，未知所言何語。夫人正在驚惑之際，候見家人來報道：「外面有位秀才，自稱：海瑞，能驅邪逐魅，路過此地，知我家小姐，被邪魔作祟，於今他來收妖呢！」溫夫人聽了，半信半疑，只得令家人請進來。

　　少傾，海瑞領著那幾位書友，一齊進入大廳兩傍坐下。溫夫人出來，見了眾人，拜過了禮，便問道：「那一位是海秀才呢？」諸書友指著海瑞，齊道：「這位便是」。溫夫人便對海瑞細心觀看，只見他年輕最小，心中有幾分不信，便問道：「海相公有甚麼妙術，能驅妖魅，何以知道小女著祟，請道其詳。」海瑞道：「因昨夜於旅店後院，聽得有幾個小鬼，私在那裡講本坊土地，放縱野鬼作祟索祭的話，是故前來驅逐妖魅。」夫人聽了，好生驚異，心中卻亦歡喜，便道：「小女倘得海相公驅魔，病得痊癒，不敢有忘大德。」隨吩咐家人備酒，海瑞急止之曰：「不必費心破鈔，我們原係為一點好意而來，非圖飲食者也。」再三推讓，溫夫人道：「列位休嫌怠慢，老身不過薄具家釀三杯，少壯列位威氣而已矣！」海瑞見她如此真誠，謝曰：「既蒙夫人賜飲，自古道：恭敬不如從命，只得愧領，唯請不必過費，我們纔得安心。」溫夫人便令家人擺備酒菜，就在廳堂坐下，並請鄰居張元，前來相陪歡飲。

溫夫人便進入女兒房中，只見宮花比前夜大不相同，卻似好時一般，看見娘親進來，以手指著榻下大瓦罐，復用兩手作鬼入罐內形狀。夫人已解其意，即時出到廳上，對眾人說知，海瑞便道：「是了，這是個邪鬼，知道我們前來，無處躲避，故此走入罐內，可即將罐口封了，那時還怕他走到那裡去。」眾人齊聲道：「有理」。

於是夫人引導來到繡房，小姐迴避入內，海瑞便問罐在何處？溫夫人令侍婢去拿，只見侍婢再三掇不起來，說道：「好奇怪！這是個空罐，怎麼這樣沉重。」海瑞道：「妳且走開，待我去拿。」便走近塌前，俯著身子，一手拿了出來，並不感到沉重，笑道：「莫非走了麼？」眾人說道：「不是，不是，他既走得去，早就走了，又何必入罐。自古云：鬼計最多，故此輕飄飄的，想哄我們是真的呢？」海瑞道：「我不管他，只要封了就好。」遂令人取來筆墨，先用濕泥封了罐口，後用一副紙皮，貼在泥頭之上，海瑞親自用筆寫著幾個字，道：

永遠封禁，不得復出，海瑞親筆封。

海瑞封禁完畢，便令人把罐拿出去，並將它在山腳下埋了。溫夫人一如所教，千恩萬謝，張元便請眾人，復出廳堂飲食，自不在話下。

注①明·李春芳《海公大紅袍》（第二回·中段）有載

諫詰菩薩①

明穆宗隆慶三年（1569）己巳歲六月，海瑞擢陞都察院右僉都御史，總理糧儲提督軍務兼巡撫應天十府一州（今江蘇、安徽省境地）。海氏任官，素以民為邦本，拯救天下蒼生為己責。有一天，聽聞安徽九華山上菩薩，非常顯靈。為祈求「風調雨順，國泰民安」，海都堂便歡喜快樂地，前往九華山進香。

海青天，來到山麓，緣沿石級登山，拾級而上。然事出意外，且非常神奇。海瑞登上一步，隨即滑下一步，撞撞失失、跌跌倒倒、蹣跚難走。是時有位好心人指點，說是穿著牛皮靴子，觸犯"不殺生"清規戒律的緣故。

海瑞按照好心人指示，脫了牛皮靴子，跣腳逐階而上山，果然步步安穩。抵達廟宇後，一面上香，一面叩拜，嘴裡呢喃地祈禱說：「菩薩，我非常誠心的，"心誠"就未免要直諫。不過，你這回不讓我穿牛皮靴上山，我是觸犯了"佛門"清規戒律。唯我倒要問：第一件事是你廟裡的"大鼓"，不亦是"牛皮"做的麼？」海瑞話方說完，突然"咚"的一聲，大鼓爆裂了。

再說：「你這殿堂裡，那些紅漆大柱，不亦是用豬血打底的嗎？還有你的玉臉素手，不亦是當年上過雞蛋白的嗎？」海瑞如此這般的詰說，果然又"唰"的一下，菩薩面龐上、手腕上的漆全部剝落，那貼底的雞蛋白，便輭糊糊的瀝下來。

海瑞見此情景，慌忙叩謝道：「菩薩呀！我海瑞是個痛恨暴虐，關心民瘼的人，於是"直言冒犯"。正因為你這樣顯靈，我纔來"真心誠意"朝你"祈禱"風調雨順，國泰民安！」說畢，便掉頭一步一步，沿石階下山。

　　菩薩暗地自忖著：「海瑞，你眞可惡，好事不做，光找我岔子，挖苦我，難道我就不該找你岔子嗎？人家都說你是“清官”，清廉一世，我倒要看個究竟！」於是菩薩便隱身跟隨海瑞下山，處處事事、時時刻刻，都要找個岔以整治修理海瑞一番。恰好時值盛夏，天氣十分炎熱，海瑞滿頭大汗，越趕路口越渴，實在忍受不了。倏然，看見一塊西瓜地，海瑞極想買個西瓜解渴，可是四方眺望尋找，但連個人影亦沒見。海瑞便擅自作主，摘下一個西瓜，就用拳頭把西瓜砸破，幷慢條斯理的掰開，便狼吞虎嚥似的大吃。

　　隱跟的菩薩看在眼裡，內心竊竊喜笑，並盤算著這下子，衆人稱頌“清官”的海瑞，不亦是“貪官”了。一眼窺穿你，連個西瓜“小利”亦偷貪，豈有看見“黃金”不動“貪念”的道理？我就先把這筆帳記下來，再說。孰料，海瑞吃完西瓜之後，便摸摸自己腰包，把那些碎銀子都掏出來，幷用紙精心包妥，就塞在原來摘瓜的瓜蒂旁邊，以示付錢。菩薩一眺，嗨！嘆一口氣，就讓你過這一關。

　　刹那，海瑞精神煥發，興致勃勃，又上路了。隱身的菩薩，亦緊跟著走。未幾，進入一小鎮，海瑞肚子十分饑餓，找家普通小飯店，只買兩碟最便宜小菜，暨一海碗粗米飯。不料，這碗飯裡，夾雜許多穀粒。海瑞一面吃著，一面把穀粒挑揀堆在桌上。俟那大碗飯吃完，桌上面亦放有一小堆熟穀子。菩薩暗自思量，這一下，我看你這號稱身爲“父母官”，理應珍惜糧食才對，那麼？吐在桌上的一堆穀粒，足見他並不像常人所稱頌“關心民瘼”好官。

　　海瑞付清飯菜錢後，接著把桌面上的熟穀子，全抓到手掌心中，菩薩正等待海瑞扔掉熟穀粒，好記他這筆"糟踢食糧"之帳，以便幸災樂禍。然而出乎意料之外，海瑞并沒將這些熟穀粒丟掉，而是拿來當做瓜子，一粒一粒的嗑著！嗑著！於是情景，菩薩的心腸，似亦有些輭了。深自忖度，海瑞真的不是平凡的官呀，倒真難找出他的毛病。好吧！菩薩心想一計，便"騎驢看唱本"～走著細瞧吧！

海瑞走到熱鬧市區，忽見一大群人在圍觀甚麼，喧鬧爭吵。走近聽見人群中，傳出悽慘的哭泣聲：「天呀！黑心屠戶，偷我這可憐瞎子的三貫錢，卻反誣陷我偷他的。請諸位客官，施施恩：給瞎子討個公道吧！」海瑞擠進去一看，只見瞎子緊緊地抱著三貫錢。而屠戶則反復地向眾人解說：「我好心見他是個瞎子可憐！纔把他留住一宿，殊料這瞎子黑心，"恩將仇報"，乘無人的時機，摸走我枕頭邊，這三貫銅錢。他卻無中生有，反誣我，說欺負他是個瞎子，謀他的不義之財。…」

這群圍觀的人，擠得水泄不通，吱吱喳喳地私語，有人說是屠戶偷瞎子的，亦有人說是瞎子偷屠戶的，更多的人則說，這件事極難弄得"水落石出"。隱身的菩薩對此案，一時亦是"丈二和尚"摸不著頭腦，給弄糊塗了。她心裡只是想著：這要看你海瑞，如何處斷此案了。未幾，圍觀的人，頓然發覺穿著布衣私訪的海老爺，便"爭先恐後"地，請求他把這案子，審得水落石出，不冤枉好人。

少頃，海瑞對瞎子說：「你不妨把銅錢，全都交給我。」海瑞接過三貫銅錢後，又說：「請你們去茶店，幫忙抬一桶"沸水"來，再說。」不多久，熱騰騰的沸水抬來後，海瑞一話不說，一下子把三貫銅錢，放進沸水中去。片刻，海瑞看了又看沸水，就斷然地說：「銅錢是屠戶的」。何以故呢？原來沸水上面，漂浮著一團團新鮮的油脂。勿需分辨，顯然是屠戶在“數錢”時沾上的。

屠戶連聲謝恩，大喊“海青天”。瞎子亦說自己深爲懊悔，不應該“恩將仇報”起黑心，偷摸屠戶三貫銅錢，還昧著“良心”反咬一口，非常的抱歉。這一大群圍觀的人，異口同聲地說：「海青天，確是見識廣、明事理，把案件審得乾淨利落，以理服人。」那隱身的菩薩，親眼目睹這三件事情，亦莫無“心服口服”，不再跟海瑞鬧別扭、找岔子了。

注①邢益森《海南鄉情攬勝》（寶島風姿錄·第四集·頁一三〇～一三四）題作〈海瑞鬧菩薩的故事〉

陳屍報仇①

胡霸朝女婿犯重案，被海瑞處斬首，於是恨之入骨，卻假意贊稱：秉公執法，爲民除害，罪當斬首。幷邀請過府飲宴，海瑞一時大意赴宴，胡霸朝在酒裡下毒藥，海瑞喝了毒酒後，方始察覺有異，便連夜告辭回府，幷囑咐夫人，海安、海雄等諸家人，他死後不要哭啼，將屍體穿上官服，戴上官帽，綁在書案前的坐椅上，同時捉來幾隻牛虻，暨幾只甲蟲（飛起來嗡嗡叫）縛在身上。點燃臘燭，桌面上還攤開書卷，將海瑞雙手放在書上，裝扮成“秉燭夜讀”的情景。

胡霸朝見海瑞回家後，就派人跟蹤探聽消息，派遣的人趴在屋頂上，看見海瑞正在秉燭夜讀，還聽到牛虻②、甲蟲飛轉的嗡嗡咿咿聲，就認爲是海瑞的讀書聲，便回報去了。胡霸朝見回報說，海瑞不但不死，還在秉燭吟讀，便認爲毒藥酒是假的，氣得七孔冒煙，拿來毒酒自己喝一點試試看，覺得這毒酒又香醇又甜蜜，便又喝了一大杯。

執知，這竟是眞的毒藥酒，胡霸朝亦中了酒毒，快要死的時候，方知中了海瑞“陳屍報仇”的計謀。

注①許榮頌《鄉土襍錄》（頁一四八）

注②虻，係一種昆蟲，形狀像大蒼蠅，嗜吸人、畜的血，寄生於牛身上的，稱爲牛虻。

案：依據《明史》，暨相關文獻史料紀載，海瑞於明神宗萬曆十五年（1587）丁亥歲，卒於官（南京都察院右都御史），非被胡霸朝毒害死，亦無死後報仇，這一傳說故事，顯與史實不合。

綜而窺之，關於海瑞的民間傳說殊多，無論是生活的、小說的、戲曲的，抑或神話的故事，有屬於歷史實事，卻亦有純係民間傳說，實無其事，或張冠李戴。更有同一傳說故事，各地亦不甚相同，甚且有些省府縣，海瑞根本未曾到過，卻亦有故事傳說，海瑞在此地任官，曾平反冤案、嚴懲惡霸。這些傳奇故事，無莫顯示世人對海瑞喜愛與崇敬，形成救民苦難“青天老爺”的典型，并不斷的被民間塑造成“神化”完美的形像。

五、冤　誣

海瑞（忠介）氏，稟性剛毅耿直，守正不阿，是非分明，不徇私情。兼以秉公執法，鐵面無私。尤其疾惡如仇，不畏權貴。

於是敢冒犯當權首輔：嚴嵩、徐階、高拱、張居正，更而得罪胡宗憲、鄢懋卿、張鏊，致間遭袁淳、戴鳳翔、房寰之誣劾，被迫「告病乞養」，歸里（瓊山）閑居，沉潛十六載。於是「國失棟才」，誠殊憾惜矣。

（一）、袁淳舉劾本

　　海瑞於明世宗嘉靖三十七年（1558）戊午歲春月，擢浙江淳安縣知縣，五月初到任，始履其境，目睹生民疾苦萬狀。於是力矯積弊，勵行新政，頒告禁約，…其改革陋規蠹政，興利除害，惠民良多，不勝枚舉。在職四載，然以特別傳誦於世史，有其幾大快事，待人回味無窮！

　　其一，浙江總督都御史胡宗憲（係海瑞上官，乃奸臣嚴嵩死黨），其子路過淳安，藉父權勢，作威作福，求索驛夫不遂，竟然懸打驛吏。海瑞不畏權貴，令傳亭下，予以捉拿，并沒收所帶銀錢歸庫。更宣稱其人，係冒充總督公子，胡作非為，敗壞官聲。於上稟馳告之，曰：「胡大人清廉，無二出教，當其行縣時，屬官不得侈帳具續食，今其裝重甚盛，必非胡公子，發橐金數千，納之庫。」後縛送請胡按部嚴辦，使得胡宗憲啼笑皆非，宛如啞吧吃黃蓮，有苦難言，只好暗認倒霉，奈何不得也。①

　　胡宗憲，字汝貞（一作：汝欽），號梅林，安徽績溪人。明世宗嘉靖十七年（1538）戊戌科進士（三甲一八八名），歷知：益都（山東）、餘姚（浙江）二縣。擢御史，巡按浙江，時歙人汪直據五島，煽諸倭入寇，而徐海、陳東、麻葉等，日擾郡邑。陞宗憲為右僉都御史，巡撫浙江。尋為兵部右侍郎，總督軍務。宗憲用間諭徐海，縛獻麻葉、陳東，并激東黨攻海，海投水死，累以平賊功，加右都御史，太子太保。以言官諭劾，下獄瘐死，卒諡：襄懋。著有《籌海圖編》十三卷（國立中央圖書館《明人傳記資料索引》頁三四五）。

　　明‧胡　煜《忠敬堂彙錄》（卷一）、李紹文《皇明世說新語》（卷六、卷八），清‧張廷玉《明史》（卷二〇五‧本傳）、陳食花《康熙　益都縣志》（卷之五‧官制‧宦績）、邵友濂《光緒　餘姚縣志》（卷二二‧名宦）、清　愷《嘉慶續溪縣志》（卷一〇‧人物志‧勳烈），臧勵龢《中國人名大辭典》（頁六九一‧三），載有事略。

　　其二，嚴嵩之黨羽爪牙，都御史鄢懋卿，以總理鹽法行部，出巡八省鹽政，聲勢極為囂張。所至之處，招權納賄，並攜妾隨行，坐五彩輿，十二女舁之。令長膝跪上食，文錦飾廁床，白金為溺器，耗費不貲，地方疲於供應。海瑞檢以鄢懋卿告牌：「素性簡樸，不喜承迎，凡飲食供俱宜儉樸，毋得過侈，靡費里甲。…方今民窮財盡，寬一分則受一分之賜，務宜體亮。」官話，獨上稟帖云：「傳聞所至與憲牌異，州縣具舖張供應。欲從憲牌，則懼招尤。欲從傳聞，恐違憲意。下邑疲敝，未知所從。」鄢匿笑言曰：「照憲牌行」。然鄢懋卿甚為恚怒，唯素聞海瑞性格剛毅，祗好收斂淫威，憤憤遷道離去，不過嚴州境地。於是之故，海瑞便暗植下遭被誣劾之基因矣。②

　　鄢懋卿，字景修，江西南昌（又作：豐城縣）人。明世宗嘉靖二十年（1541）辛丑科進士（三甲九名），屢遷左副都御史，為嚴嵩父子所暱。而戶部以兩浙、兩淮、長蘆、河東，鹽政不舉，請遣大臣總理，嚴嵩遂用懋卿。所至市權納賄，歲時餽遺嚴氏及諸權貴，不可勝紀。卿性奢侈，至以文錦被廁牀，白金飾溺器。其按部，嘗與妻同行，製五彩輿，令十二女子舁之，儀從煇赫，道路傾駭。官至刑部右侍郎，及嚴嵩敗，被劾戍邊（國立中央圖書館《明人傳記資料索引》頁七五三）。

清·張廷玉《明史》（卷三〇八·本傳），臧勵龢《中國人名大辭典》（頁一四二三／二），有載。

明世宗嘉靖四十年（1561）辛酉歲七月，巡鹺御史袁淳（鄢懋卿黨羽），按部至淳安，昔嘗陰嗾曰：「不軀海疆項，何以持風憲體。」袁既受頤使巡按淳安，又見海瑞迎送不遠，供應不隆，有所鉤付，不唯唯應。誶曰：「汝即欲學府官樣，還未！還未！」已而公給申呈，駁云「方呈給由而已，爲陞任之狀，倨傲弗恭，不安分守。」等語。

海瑞申文辯論曰：「本院糾察一方，上有德位可欽，下有刑法可惕。卑職奔趨下風，亦竊有志於君子者也，何至無知如是。……復念本院周賜貧生，不令遠謝，各縣官送至淳安者，鉤語分付：「已遠了，不要再遠送了。」知本院未嘗以過禮責人，德之盛也。越境奔趨，曠廢職業，或重罪責。」袁淳亦無詞批答矣。③

未幾，朝廷有令晉陞海瑞爲嘉興府通判（別駕），鄢懋卿對海瑞一直心懷怨恨，巡鹺御史袁淳奉迎私意，以他事論故，上疏誣劾海瑞「倨傲弗恭，不安分守」。朝中大臣，莫無諳悉係虛有之詞，但懾於嚴、鄢等淫威，不敢挺身爲海瑞說話，結果以故秩改調興國知縣。尋奸臣嚴嵩狐黨罪行昭著，被御史鄒應龍、林潤等彈劾革職，海瑞始得重新被重用也。

袁　淳，字育眞，江西雩都縣人。於明世宗嘉靖三十五年（1556）丙辰科進士（三甲八〇名），初任湖廣承天府推官，選廣東道監察御史。巡按江直，陞湖廣按察司僉事。著有《稽古大

成》（二百二十卷）

　　清·李祐之《康熙　雩都縣志》（卷之九·鄉賢志·文學），載有事略。

　　此外，海瑞調任興國縣知縣，在職一年十個月。時兵部尚書張鰲，休居南昌，養老享福。然其兩侄張豹、張魁，來興國購買木材，作威作福，無惡不作。百姓吃虧受騙，逼向縣衙控告。海瑞派役傳訊，兩侄倚仗叔父威勢，不肯應訊。有一天，忽然跑到縣衙大鬧，海瑞大怒拿下，判以應得罪刑。張鰲出面四處求情，海瑞一概不理，抑殺蠻橫氣焰，於時大快人心矣。④

　　張　鰲，字濟甫、號蒙溪，江西南昌人。明世宗嘉靖五年（1526）丙戌科進士（二甲七名），選庶吉士，授禮部主事。於嘉靖十九年（1540）庚子，擢浙江副使，提督學政。歷廣東參政，遷福建按察使，官終南京兵部尚書（國立中央圖書館《明人傳記資料索引》頁五五七）。

　　明·范　淶《萬曆　南昌府志》（卷之一八·人物傳）、清·顧錫爵《乾隆　南昌縣志》（人物志·卷之二九·賢良二），載有傳略。

（二）、戴鳳翔疏劾

　　明穆宗隆慶三年（1569）己巳歲六月，海瑞詔為"欽差總理糧儲提督軍務兼巡撫應天等處地方都察院右僉都御史"。蒞任伊始，體察民瘼，力矯蠹弊，祛除惡習，銳意興革，厲行新政。頒佈〈督撫條約〉，〈續行條約冊式〉、〈考語冊式〉、〈錢糧冊式〉、〈應付冊式〉、〈均徭冊式〉、〈官舉冊式〉。然其意蓋主於「斥黜貪墨，搏擊豪強，矯革浮淫，釐正宿弊。」令既嚴布，飆發雷厲，郡縣官吏凜凜競飾，貪贓者望風解印綬去。權豪勢宦，斂跡屏息，遷移他省規避。⑤

海瑞並親身巡察督工，疏濬「吳淞江、白茆河」，費時不過三月，以工代賑耗銀甚省。其興修水利，濟災安民，造福姑蘇，政績顯著，士民頌揚。由於冒犯權貴，要求江南最大地主徐階（內閣首輔，休居華亭）兄弟作模範，勒令退還霸占民田，遣散強擄奴婢。并將兩子徐璠、徐琨，暨惡僕十餘人，判邊遠充軍罪，三子徐瑛革職為民。

徐階以為海瑞沒給情面，而憤憤不平地，請求權相張居正出面講情。唯海瑞仍然"鐵面無私"，照公辦事，毫無徇情私了。於是徐階為"釜底抽薪"計，暗地致書京城馮保（宦官），賄買吏科給事戴鳳翔（嘉興人）等劾罷事。適高拱復任大學士，兼長吏部（吏科與吏部關係極為密切），又與海瑞早有隙怨，疏劾罷黜，正合拱意，一拍即合，內外夾攻，海瑞安能不去職乎！遂告病乞養，歸里閑居，互十六載。

馮　保，字永亭、號雙林，河北深州人。嘉靖中為司禮秉筆太監，隆慶及萬曆之初最用事。倚太后勢，遇帝嚴，賞罰皆自保出，帝積不能堪，及太后歸政，遂謫保奉御南京安置，籍其家。保善琴能書，亦時引六禮，能約束子弟，人亦以此稱之。著有《經書音釋》二卷（國立中央圖書館《明人傳記資料索引》頁六二一）。

清·張廷玉《明史》（卷三〇五·宦官傳），楊家駱《四庫大辭典》（頁五六六·三）、臧勵龢《中國人名大辭典》（頁一二二一·一），載有傳或事略。

舒　化，字汝德、號繼峰，江西臨川人。明世宗嘉靖三十八年（1559）己未科進士（三甲十四名），由推官徵擢給事中（論瑞迂滯不達政體，宜以南京清秩處之）。隆慶初帝任宦官，刑罪多從中旨，又詔廠衛密察部院政事，化皆極諫其不可，帝善其言。萬曆間，累官刑部尚書，尋乞歸，卒諡：莊僖（臧勵龢《中國人名大辭典》頁一一九四·三）

　　明·焦　竑《國朝獻徵錄》（卷四五／七九）、蕭　彥《掖垣人鑑》（卷一四／四九），清·張廷玉《明史》（卷二二〇）、徐乾學《明史列傳》（卷七六）、胡亦堂《康熙　臨川縣志》（卷之一八·名臣），載有傳或事略。

　　戴鳳翔，字志曾、又字：點叔，號春宇，浙江嘉興（一作：海鹽縣）人。明世宗嘉靖三十八年（1559）己未科進士（三甲一五九名），由行人選吏科給事中（劾瑞庇奸民，魚肉搢紳，沽名亂政），擢寧國府（安徽）知府，改九江府（江西）。於神宗萬曆十一年（1583）癸未，遷苑馬寺太僕卿，引病歸（國立中央圖書館《明人傳記資料索引》頁九一七）。

　　明·蕭　彥《掖垣人鑑》（卷一五／頁八）、清·許瑤光《光緒　嘉興府志》（卷五十·嘉興列傳），皆有傳略。

（三）、房寰誣疏劾

　　明神宗萬曆十三年（1585）乙酉歲正月，海瑞奉詔以南京都察院右僉都御史復用，於赴任途中，又調任南京吏都右侍郎（兼署理尚書職），五月履任。鼎力改革弊政，禁止各衙門出票，要求街道商戶無償供應物品陋規。誠如告示：「以五城之人，當千百官大小事用度之害。侵用里甲，朝廷歷歷明禁。…冢宰統百官，豈有吏部不能令行一兵馬司。…做百姓不可做习頑不聽法度的百姓，亦不可做軟弱聽人打、聽人殺而不言的百姓。不言自苦，苦何日止？…部事本尚書主、侍郎輔，候丘尚書日久不至，居一日官，盡一日職，故不自嫌疑，突此嚴示。」⑥

次歲（1586）丙戌二月，奉調陞南京都察院右都御史，諸司素懶情，瑞以身矯之。有御史偶陳戲樂，欲遵太祖予之杖。百司惴恐，多患苦之。提學御史房寰，貪贓枉法，恐被海瑞揭發，反欲先發制人，上疏誣劾海瑞，論曰「大奸極詐，欺世盜名，誣聖自賢，損君辱國。」誠如俗云：「惡人先告狀」，海瑞疏辯，吏部覆請，照舊供職。由於給事中鍾宇淳，復慫恿房寰，再上疏丑詆，瑞亦屢疏乞休，引起吏部主事（三進士）顧允成、彭遵古、諸壽賢之抗議與反駁，暨戶科給事中徐常吉揭發房寰，官是提學御史，人卻是個大貪污犯。於是顯見，房寰為人，不識廉恥。

房　寰，字中伯、號心宇，浙江德清人。明穆宗隆慶二年（1568）戊辰科進士（三甲七名），選庶吉士，知漳浦縣（福建），卓犖有治才，常罷榷鹽召商之命，清考校假冒之弊。任五載，召為御史。

清・陳汝咸《康熙　漳浦縣志》（卷之一四・名宦志・縣令），吳罵皋《民國　德清縣志》（卷八・人物志・名業），載有事略。

綜合窺之，海瑞（忠介）氏，無論是在知縣、巡撫（江浙十府）、右都御史任內，大都「痛除宿弊，屬行新政，杜絕侵漁，民困立蘇。嚴禁饋送，裁革奢侈，躬先節儉，以示百僚，振風肅紀，遠近望之。」如是"英風勁氣"，勤政愛民，廉潔奉公，政聲斐然，士民稱頌。然不容於權貴與豪強，致遭"佞吏妄言"，誣劾陷害，情何以堪！

注①清·張廷玉《明史》（卷二二六·海瑞傳），唯明·黃秉石〈海忠介公傳有序〉（宰邑第二章）曰「予嘗聞人言海令事（囚胡公子及鞭僕）。…此二事或見紀載。然淳無驛也，問淳之人，亦絕不聞此二端，蓋天下之善歸焉。所聞公事之戾於情者，大約此類，而不知其非公之眞也，公正不如此之戾於情也。」謹誌如上，以供查考。

注②海瑞〈稟鄢都院揭帖〉，收在《海忠介公全集》（卷之二·稟帖）

注③海瑞〈袁察院揭帖〉，收在《海忠介公全集》（卷之二·稟帖）

注④海瑞〈申軍門吳堯山幷守巡道請改招詳文〉，收在《海忠介公全集》（卷之二·申文）

注⑤海瑞〈督撫條約〉（阮本作：督撫應天條約）、〈續行條約冊式〉，收在《海忠介公全集》（卷之二·興革條例／冊式）。

黃秉石〈海忠介公傳有序〉（撫吳第四章），收在《海忠介公全集》（卷之首·傳）。海瑞〈復李石麓閣老〉、〈復徐存齋閣老〉，收在《海忠介公全集》（卷之五·書簡）。

海瑞〈被論自陳不職疏〉、〈告養病疏〉，收在《海忠介公全集》（卷之一·策疏）。

注⑥海瑞〈禁革積弊告示〉，收在《海忠介公全集》（卷之二·告示）、顧允成〈三進士申救疏〉，收在《海忠介公全集》（卷之七·雜記）。

卷之三　著　作

　　先賢海瑞（忠介）公，終身立志行道。於嘉靖、隆慶、萬曆三朝任官，其言行論述，悉經後人彙編梓刊傳世。爰據《四庫全書》、《廣東通志》（阮元修本）、《瓊山縣志》（王國憲纂本）等相關資料，按「四部分類法」，並依：書名（卷數）、著（編、輯）者、刊年、梓板、附注或案語之序，著其要旨於次，以供方家查考。

一、史　部

《元祐黨人碑考》一卷　　明·海　瑞

　　清·永　瑢《欽定四庫全書提要》：按元祐黨人碑，載於李心傳道命錄，馬純、陶朱，新錄者互有異同，茲則專以道命錄爲主，其闕者則以他書補之，故所錄人事較他書爲多，如曾任執政之黃履、張商英、蔣之奇，曾任待制之張畏、岑象求、周鼎以下十餘人，皆他本所未載者，搜羅可謂博矣。至所附慶元僞學黨籍，與他本無所同異，固不及永樂大典所載慶元黨禁之詳備也。

　　楊家駱《四庫大辭典》（頁二二二）：所錄人數較他書爲多，至所附慶元僞學黨籍，與他書無所同異，固不及永樂大典所載慶元黨禁之詳備也。傳記存三清‧阮　元《道光　廣東通志》（卷一九三‧藝文略五‧史部四）、王國憲《民國　瓊山縣志》（卷一九‧藝文志‧史部），皆有著錄。

　　清道光二十七年（1847）伍氏粵雅堂刊本
　　　（清‧伍崇曜輯《嶺南遺書》第二集）

伍崇曜（1810～1863），原名：伍元薇，字紫垣、號良輔、室名：遠愛堂、粵雅堂，廣東省南海縣人。崇曜中鄉舉，未致仕。喜購書刊書，嘗刊《粵雅堂叢書》（一百八十種，校讎精審，多秘本）、《嶺南遺書》（六十二種）、《廣東十三家集》、《楚庭耆舊遺詩》，暨影刊王象之《輿地紀勝》（元本）。

　　　日本：靜嘉堂文庫
　　　中國：杭州大學圖書館　　廣東中山圖書館

《元祐黨籍碑考》一卷　　明‧海　瑞

　　　附《慶元偽學逆黨籍》一卷

按《慶元偽學逆黨藉》（一卷），於《四庫全書》作《慶元黨禁》（一卷），不著撰人名氏，但署曰滄洲樵叟，蓋與《紹興正論》出於一手。原本久佚，今從《永樂大典》錄出。…然薛叔似、皇甫斌等，既列名此書，而他時又以韓侂胄黨敗，是足見依草附木，實繁有徒，不得以伊洛淵源藉口矣（清‧永瑢《四庫全書簡明目錄》卷六‧史部七‧傳記類）。

楊家駱《四庫大辭典》（頁六八）：考黨禁起於寧宗（南宋）慶元二年（1196）八月，弛於嘉泰二年（1202）二月。是書所載偽學之黨，凡五十九人。宋史有傳者不及十之三、四，其他姓名爵里史所不載者，多藉此以見大略。　知不足齋本

傳記一

　　黃蔭普《廣東文獻書目知見錄》（史部·頁二七）著錄：

　　清·曹　溶《學海類篇》（收錄）本

　　　　民國九年（1920）　上海市　涵芬樓　景印本

　　　　　　日本：東方文化研究所

　　清·宋澤元《懺花盫叢書》（收錄）本

　　　　清光緒十三年（1887）丁亥　輯刊本

　　　　　　日本：東方文化研究所

《淳安政事稿》三卷　　明·海　瑞（四庫全書著錄）

　　王國憲《民國　瓊山縣志》（卷之一九·藝文志·史部）著錄（載有自序）。

　　明·海瑞〈淳安縣政事序〉云：「瑞自濱海入中州知淳安縣事，…政之大者曰政，政之小者曰事。是帙淳安利弊兼有巨細，因撮其要，名曰淳安縣政事。辟則坊輿，如師予儆，…是亦與吾民為嚴師教戒也。益己益人，舉於是冊賴之，其可得而已乎。用是梓之，復為之序，以告吾民，使知是編之意。」（清·李詩《光緒　淳安縣志》卷之一四·藝文志，有載）

　　　　明嘉靖四十一年（1562）壬戌仲夏月　刻本（未見藏板）

二、集　部

《淳安稿》一卷　　明·海　瑞

　　王國憲《民國　瓊山縣志》（卷之二〇·藝文志）著錄，並載有〈自序〉（未見「稿本」藏板）云：①

　　許文正嘗語人，有書也須焚一遭之說。夫坑儒焚書，秦之所以為暴無道也。而文正之言，若秦之與。

文正非與秦也，自炎漢以迄於元，紀錄之繁，文籍之盛，汗牛充棟，災木費紙，不足咎也。其聲實不中，乖違正道，為古先聖賢累，為六經、語、孟蠹，若莠之亂苗，鄭聲之亂雅樂，鄉愿之亂德，君子不容不深惡之。自元迄今，殆有甚焉。使文正見之，又不知當何如其為言也。然文正與秦，至文正之身，則又有《魯齋文集》行於世。夫文正之與秦，不得已也。文正之不免於為文，亦文正之不得已也。

瑞平昔妄有所作，濫稱文章者，欲效近代唐山人置瓢棄之江流中，以還造化。而又私念以為出之吾心，本諸性命，造化賦予於我而我泄之，或於六經、《語》、《孟》有輔翼焉。且今時俗議論，自以為是，牢不可改，亦或有以破之。暴秦有作，不居可焚之列。夫吾人有言，莫非造化置江流以還造化，不可謂無見也。然天下之人，賦予稟受，出之造化，猶之我也。或惑焉而踐之有未盡，或反焉而行之有不中，操造化之予於我者，相與覺焉。且同志之士，得有所執，凡我言之不當，議之不詳，取為我規焉。我也人也，互相砥切，均得還夫賦予稟受之故，較之唐山人所為有大焉，不猶為可耶。

近時文人有作，必求名人君子一言置簡首，謂蠅附驥尾，亦一日千里，而借其言以信之天下後世也。夫使吾言無當，雖聖人吾與焉，天下之人，其心其性，原之造化，是非有公，不能飾也。使吾言於道亦有合焉，聖人不吾與，天下後世不吾與，吾心具一造化，自有的見，不可轉也。夫人有言，亦求之吾心，質之聖賢，以參考焉而已矣。不信之人心，而信之人言，非信也。用是不自嫌忌，取平昔所作，自編敘，自為一語識之，以告同志。

　　　嘉靖壬戌仲夏朔日② 　瓊山海瑞國開甫書

註①許文正（1209～1281），本名：許衡，字仲平，世稱：魯齋先生，
　　官至中書左丞，卒諡：文正。著有《讀易私言》、《魯齋遺書》。
註②明世宗嘉靖四十一年（1562）壬戌仲夏朔日（五月初一日）

《備忘集》十卷　明·海　瑞

　　清·永　瑢《欽定四庫全書提要》：按明志載海瑞文集七
卷，國朝廣東鹽運使故城賈棠與邱濬集合刻者止六卷。是編載
海瑞所行條式申參之文較爲全備，乃康熙中瑞六代孫廷芳重
編。原跋云共一十二卷分爲十册，今考此本册數與跋相合。然
每册止一卷，實止十卷，較原跋尙闕二卷，未喩其故也。瑞生
平學問以剛爲主，故自號剛峰，其入都會試時即上平黎疏，爲
戶部主事時上治安疏，戇直無隱觸世宗怒下詔獄，然世宗覆閱
其疏亦感動太息，至擬之於比干。後巡撫應天，銳意興革裁抑
豪強，惟以利民除害爲事而矯枉過直，或不免一偏，如集中畢
戰問井地論，力以井田爲可行，謂天下治安必由於此。蓋但覩
明代隱匿兼幷之弊，激爲此說而不自知其不可通。然其孤忠介
節實人所難能，故平日雖不以文名，而所作勁氣直達，侃侃而
談有凜然不可犯之槪。當嘉隆間士風頹薾之際，切墨引繩振頑
醒瞆，誠亦救時之藥石也。滌穢解結非大黃芒硝不能取效，未
可以其峻利疑也。

　　楊家駱《四庫大辭典》（頁四一二）：按瑞爲人孤忠介節，
故其文勁氣直達，亦有凜然不可犯之槪。清康熙刊本，作海忠

介集六卷，康熙中海廷芳刊本。別集二十五

王國憲《民國 瓊山縣志》（卷之二〇‧藝文志）著錄，列
《瓊臺文獻集》。

王杏根《古籍書名辭典》（明代部分‧頁一七〇）：所載均
爲海瑞所撰公文法令、奏議等公務性文字，且較爲完備，有警
世之用，由其後人編定。別集

案：海瑞《備忘集》（十卷），題名、梓板殊多。

《備忘錄》十卷　　明‧海　瑞

張林川《中國古籍書名考釋辭典》（集部‧別集類‧頁三一
七）：海瑞遇事敢言，直陳時弊，故其文較客觀，反映明代中
後期之社會現實。文章勁氣直達，有凜然不可犯之概。所謂備
忘，錄其文章以免忘卻也。

《備忘集》十卷　　明‧海　瑞

黃蔭普《廣東文獻書目知見錄》（集部‧頁一四〇）著錄

明萬曆三十年（1602）海氏重刊本

海　邁，字紹皋，乃海瑞之侄孫。明神宗萬曆十六年
（1588）戊子科舉人，歷官新寧縣教諭、處州府推官、五城兵
馬司。於明萬曆三十年（1602）壬寅陽月，刻《備忘集》，並
作〈備忘集跋〉，收在《海忠介公全集》（卷之首‧跋）。

臺灣：國家圖書館　線裝八冊（善本）

《海忠介先生備忘集》十卷　　明‧海　瑞

黃蔭普《廣東文獻書目知見錄》（集部‧頁一四〇）著錄

明萬曆間刊本　　日本：京都大學文學部　六冊

《海忠介備忘集》十卷　　明‧海　瑞

黃蔭普《廣東文獻書目知見錄》（集部‧頁一四〇）著錄

清康熙五年（1666）海廷芳刊本

　　海廷芳，乃海邁之孫，亦係海瑞六代侄孫。清聖祖康熙八年（1669）己酉科舉人，由府學中式，官德慶府知府。曾在清康熙五年（1666）丙午孟冬月，刻《備忘集》，幷作〈備忘集後跋〉，收在《海忠介公全集》（卷之首·跋）。

　　　　　　　臺灣：國立臺灣大學圖書館

　　　　　　　日本：靜嘉堂文庫

　　　　　　　中國：廣東中山圖書館

《備忘集》十卷　　明·海　瑞

　　民國五十九年（1970）　臺北市　學海出版社　影印本

　　3 冊　有像　20公分（二十五開本）　精裝

　　本《備忘集》（十卷），係以國立中央圖書館（今名：國家圖書館）藏，明萬曆三十年（1602）海邁刻本爲主。國立臺灣大學圖書館藏，清康熙五年（1666）海廷芳刻本爲輔。暨《海剛峰集》（正誼堂本），《瓊州府志》等文獻校正影印。其中錯字、異字、缺字，或模糊不清者，均予校訂，於書末附有校刊表，備供查校。

　　按《備忘集》計分十卷及附錄，舉凡有關海瑞著述，諸如：奏疏、序文、書札、申文、招參、策論、示諭、祭文、碑誌、告示、稟帖、四書義解、雜說、議論、輓詩、行狀、贊、跋、……等，皆有輯錄，以供查考。

　　王會均《海南文獻資料簡介》（語文類·詩文·頁二〇三）著錄。

　　　　　　　臺灣：國立中央圖書館臺灣分館 846.7／3812-3

《海忠介先生備忘集》　　明·海　瑞

　　　清康熙二十七年（1688）戊辰初夏（程憲章序）刻本

　　程憲章，字世甫，正紅旗人。癛生，清康熙二十一年（1682）壬戌，任廣東分巡雷瓊道。於清康熙二十七年（1688）戊辰初夏，作〈海忠介先生備忘集序〉（收在《海忠介全集》卷之首·序），陞湖南提刑按察司按察使。

　　清·張岳崧《道光　瓊州府志》（卷之二十四·職官志二·文職下）作：程　憲。

　　　案：未見藏板。

《備忘集》八卷　附錄二卷　　明·海　瑞

　　黃蔭普《廣東文獻書目知見錄》（集部·頁一四○）著錄

　　　清鈔本　　中國：北京圖書館（今名：國家圖書館）四冊

《備忘集》十卷　　明·海　瑞

　　　清·永　瑢《四庫全書簡明目錄》（卷十八·集部六·別集類五）：瑞遇事敢為，雖矯枉過直而不顧，如惡豪強兼并，遂欲復井田之類，或不近於事理。然其孤忠介節，實人所難能。其文勁氣直達，均有凜然不可犯之概。

　　清文淵閣四庫全書本　　　臺灣：國立故宮博物院

《備忘集》十卷　　明·海　瑞

　　民國七十二年（1983）　臺灣商務印書館　景印本

　　　（景印文淵閣四庫全書·第一二八六冊）

《備忘集》　　明·海　瑞

　　黃蔭普《廣東文獻書目知見錄》（集部·頁二○四）著錄

　　清同治三年（1864）順德羅氏春暉堂刊本

　　　（清·羅學鵬輯《廣東文獻》初集）

　　　　中國：廣東中山圖書館

《重刊海忠介備忘集》　　明·海　瑞

　　按「重刊本」，有馮端本（瓊州府知府）作〈重刊海忠介備忘集跋〉，收在《海忠介公全集》（卷之首·跋）。

　　馮端本，河南祥符縣（今開封市）人。清文宗咸豐六年（1856）丙辰科進士（二甲十七名），官郎中，出守瓊郡。精勤廉慎，好賢禮士，訟無留滯，尤加意學校，有循吏之風。

　　王國憲《民國　瓊山縣志》（卷之二十三·官師志一·宦績·清）、王國憲《瓊山徵訪冊》（冊下·名宦政績）、張廷標《瓊山鄉土志》（卷之一·政績錄），載有事略。

　　清同治年（1869～1873）間（馮端本跋）重刊本

　　　　案：馮跋「重刊本」，未見藏板。

《重刊海忠介公備忘集》　　明·海　瑞

　　清光緒三十一年（1905）乙巳秋九月重刊本

　　按「重刊本」，有曾對顏〈重刊海忠介公備忘集後跋〉、王國棟〈重刊海忠介公備忘集跋〉，皆收在《海忠介公全集》（卷之首·跋）。

　　曾對顏（1858～1914），字鏡芙，號少泉，瓊山縣人。清德宗光緒二十三年（1897）丁酉科解元（舉人第一名），在雁峰書院掌教十載，教學認真，課求嚴格，求學者衆，遠及新嘉坡、南洋各地。民國初年，兼任瓊山縣勸學所所長。緣自清光緒二十三年（1897）肇始，校核《瓊臺會稿》，暨《備忘集》，經歷十年始告完成。平生所作詩詞文章不少，多已散失，僅存《還讀我書室詩錄》一書，共收詩六十七題一八四首，選詩嚴格，幾無敷衍應酬之作。

　　王國憲（1853～1938），原名：王國棟，字用五、又字聖軒、號堯雲，晚年自稱：更生老人，卒謚：文成，海口府城人。清德宗光緒二十年（1894）甲午科優貢（第一名），歷官樂昌縣儒學教諭、廣東省議會參議員。爲求深造，曾赴省入廣雅書院畢業。幷出道杭州，受業於經學大師兪曲園（樾）之門，深窺校讎之學。歸瓊後，掌教擎經書院、瓊臺書院。民國初年任瓊山縣立中學（今瓊山中學）校長，籌建私立瓊海中學（今海南中學），其門徒弟子有千餘人。公天資聰敏，潛心著述，宣揚教化，全力蒐集鄉賢文稿，彙整輯印刊行傳世矣。

　王會均〈海南文獻・光大流芳〉（追懷王國憲先達）一文，收在《王國憲先生紀念集》（頁九一～一一〇）。

　　案：是「重刊本」，未見藏板。

《備忘錄》六卷　　明・海　瑞

　黃蔭普《廣東文獻書目知見錄》（集部・頁二〇九）著錄

　　民國二十四年（1935）　海口市　海南書局　鉛印本

　　（海南叢書・第二集）　題名：《備忘集》

　　　　香港：香港中山圖書館：086.337 ／ 3435　乙冊

　　　　中國：海南師範學院圖書館　D25（古）／ 21.3

《重刻海忠介公備忘集》十卷　　明・海　瑞

　王國憲《民國　瓊山縣志》（卷之二十・藝文志・集部）著錄，幷載有：清・陳璸〈重刊海忠介公備忘集序〉，收在《海忠介公全集》（卷之首・序）。

　陳　璸（1656～1718），字文煥、號眉川，廣東海康縣人。清聖祖康熙三十三年（1694）甲戌科進士（三甲三十一名），授福建古田令，累官福建巡撫兼署閩浙總督。清廉卓絕，治績顯著。始爲張伯行所薦，後與之齊名。聖祖有苦行頭陀之稱，卒諡：清端。著有《清端集》八卷（凡文七卷、詩一卷），梓傳於世。

清康熙五十五年（1716）歲次丙申仲夏重刊本

案：是「重刻本」，未見藏板。

《備忘續集》二卷　　明·海　瑞

王國憲《民國　瓊山縣志》（卷之二十·藝文志·集部）著錄（未見藏板）

案：忠介公嘉靖壬戌夏月，已刻《淳安稿》一卷，至萬曆九年（1581）辛巳致仕家居，編輯興國任後十餘年來奏疏與文牘，有關當時政事得失者，刻續集二卷。

《備忘集補遺》　　明·海　瑞著　清·朱子虛輯

王國憲《民國　瓊山縣志》（卷之二十·藝文志·集部）著錄（未見藏板），并載有王元士序。

朱子虛，字意剡，廣東南海縣人。明毅宗（莊烈帝）崇禎六年（1633）癸酉科舉人，於清初銓任廣西桂平教諭（郝玉麟《雍正　廣東通志》作：教授），康熙初年任崖州學正，陞瓊州府教授。清康熙十一年（1672）壬子，總纂《瓊郡志》，又名《瓊州府志》。於康熙十九年（1680）庚申冬月，彙輯《備忘集補遺》。

王元士，湖廣麻城（今湖北麻城縣）人。清世祖順治十六年（1659）己亥科進士（三甲六十六名），清聖祖康熙十七年（1678）戊午，任瓊州府知府。於康熙十九年（1680）庚申冬月，作是序。

清康熙十九年（1680）庚申冬月（王元士序）　刻本

《海剛峰先生集》六卷　政事四卷　　明·海　瑞

黃蔭普《廣東文獻書目知見錄》（集部·頁一三九）著錄

明萬曆二十二年（1594）　刊本

　　　　中國：北京圖書館（今名：國家圖書館）十冊

《海剛峰集》二卷　　明·海　瑞

清·張伯行《正誼堂全書》本　一冊

《海剛峰集》　　明·海　瑞

民國二十五年（1936）　上海市　上海商務印書館

（87）面　19公分（二十五開本）

　　（叢書集成簡編）與《羅整庵先生存稿》合本

本《海剛峰集》，係臺灣商務印書館，根據《正誼堂全書》本排印。全集計分：卷之上、卷之下，主要內容，包括：奏疏（三篇）、序（二十一篇），參評（十一篇）、書（三十一篇）、雜說（五篇），附〈資善大夫南京都察院右都御史贈太子少保諡忠介剛峰海公行狀〉，以供研究參考。

　　　　臺灣：國立中央圖書館

　　　　　　臺灣分館　846.6／6082　81089／T6.61

《海剛峰公集》二卷　　明·海　瑞

黃蔭普《廣東文獻書目知見錄》（集部·頁一四〇）著錄

清·張伯行《正誼堂全書》本

　　　　日本：東方文化研究所

　　　　中國：廣東省立圖書館

《海剛峰先生文集》二卷（上下卷）　　明·海　瑞

清康熙四十九年（1710）庚寅季夏穀旦　正誼堂刊本

清·張伯行〈海剛峰先生文集序〉，收在《海忠介公全集》（卷之首·序）。

　　張伯行（1651～1725），字孝先、號恕庵、敬庵，室名：正誼堂、恕齋，河南儀封縣人。清康熙二十四年（1685）乙丑科進士（三甲八〇名），累官禮部尙書。歷官二十餘年，以清廉剛直稱頌，其政績在福建與江蘇尤著。學以程朱爲主，及門受學者數千人。卒贈太子太保，諡：清恪。輯有《道學源流》、《道統錄》、《伊洛淵源錄》、《小學衍義》、《小學集解》、《養正類編》、《訓蒙詩選》、《續近思錄》、《廣近思錄》、《家規類編》、《閩中寶鑑》等書。并輯《濂洛關閩集解》，以配學庸論孟，名曰後四書。自著有《困學錄》、《續錄》、《正誼堂文集》。

　　案：又題名《海剛峰文集》（福州正誼堂刻本）

《海剛峰先生集》二卷（上下卷）　　明·海　瑞

　　清康熙張伯行輯編　同治左宗棠增刊

　　清同治十年（1871）姑蘇正誼堂全書本

　　左宗棠（1812～1885），字季高、號樸存，自稱：湘上農人，湖南湘陰縣人。清宣宗道光十二年（1832）壬辰科舉人，歷參張亮基、駱秉章幕府，參與討平太平天國及西北回亂。累官浙江巡撫，閩浙、陝甘總督，拜東閣大學士，封恪靖侯，卒諡：文襄。有《盾鼻餘瀋》，曁《奏議》（百二十卷）。

　　案：又題名《海剛峰公集》二卷

《海剛峰先生集》（上下卷）　　明·海　瑞

　　民國五十年（1960）代　臺北市　藝文印書館　影印本

　　2冊　19公分　線裝

　　　　（正誼堂全書合訂本　第四〇冊）

　　本《海剛峰先生集》，係據清康熙間張伯行輯編，同治十年

（1871）左宗棠增刊《正誼堂全書》（原刻本）影印。全書計分：卷之上、卷之下，內容有卷上：奏疏（三篇）、序（二十一篇）、參評（十一篇），卷下：書（三十一篇）、雜說（五篇）、附刻（一篇），共六項，計七十二篇。

> 臺灣：國家圖書館
> 國立臺灣圖書館

《海剛峰先生集》　　明·海　瑞

清光緒十三年（1887）十月　福州正誼書館采訪續刊本

案：版心題名《海剛峰文集》，正誼堂

《海忠介公集》六卷　首一卷　　明·海　瑞

黃蔭普《廣東文獻書目知見錄》（集部·頁一四〇）著錄：於中日戰爭期間，或毀於兵火，或失於轉運，姑存其目（簡稱：黃蔭普藏①）

馮廷瑛等重編本　六冊

日本：內閣文庫

《海忠介公文集》十卷　　明·海　瑞

明·阮尚賓〈刻海忠介公文集序〉（萬曆甲午孟秋）末云：「公存稿，有《備忘集》，有《淳安政事》及會議夫差數事，幷封誄傳狀，共次為十卷，皆不可無傳者，敬付剞劂氏，嘉與天下慕公者共之，從梁公（雲龍，號霖雨）命，遂僭言以弁諸卷首。」矣（序文，收在《海忠介公全集》卷之首·序）

阮尚賓，雲南太和（今大理縣）人。明穆宗隆慶五年（1571）辛未科進士（三甲六十五名），歷官蘆都轉運鹽使司運使。志節清堅，人謂其處脂膏而不潤，致仕家居，謙謹無競，人以是德之（張培爵《民國　大理縣志稿》卷之十二·人物志·鄉賢，有載）。

　　明萬曆二十二年（1594）甲午孟秋（阮尙賓序）刻本

　　案：是「原刻本」，未見藏板。

《海忠介公文集》　　明·海　瑞

　　本《海忠介公文集》，係蔡鍾有氏，在興國縣知縣任內校刻。於明萬曆四十六年（1618）戊午秋月，由鄒元標作〈海忠介公文集序〉，收在《海忠介公全集》（卷之首·序）。

　　鄒元標（1555～1624），字爾瞻、號南皋，江西吉水縣人。明神宗萬曆五年（1577）丁丑科進士（三甲一二九名），累官刑部右侍郎。於天啓初，首進和衷之說。元標立朝，以方嚴見憚。晚節造脂純粹，不復形崖岸，務爲和易，或議其遜初仕時，因笑曰：大臣與言官異。風裁卓絕，言官事也。大臣非大利害，當護持國體，可如少年悻動耶。後魏忠賢竊柄，因建首善書院，集同志講學，將加嚴譴，遂力求去位。卒，諡：忠介。著有《願學集》（八卷）、《鄒南皋語義合編》、《存眞集》，暨《太乙山房疏草》行世。

　　清·張廷玉《明史》（卷二四三），臧勵龢《中國人名大辭典》（頁一三三九·四），載有傳或事略。

　　蔡鍾有，字恒卿，福建同安縣人。明神宗萬曆三十一年（1603）癸卯科舉人，授河南洛陽縣教諭，陞江西興國縣知縣，直道不容，左遷徐州，倅轉分水令，卒於官（林學增《同安縣志》卷十六·選舉·明舉人）。

　　清·崔國榜《同治　興國縣志》（卷之二十二·名宦），林學增《民國　同安縣志》（卷二十八·人物錄一·明鄉賢），載有事略。

明萬曆四十六年（1618）戊午秋月（鄒序）蔡鍾有校刊本
案：是「校刊本」，未見藏板。

《海忠介公文集》十卷　　明‧海　瑞

黃蔭普《廣東文獻書目知見錄》（集部‧頁一四〇）著錄
明刊本（未著年次）
　　　　日本：尊經閣文庫　八冊
明‧曾　櫻重刻本
　　　　中國：杭州大學圖書館　二冊

曾　櫻，字仲含，江西峽江縣人。明神宗萬曆四十四年
（1616）丙辰科進士（二甲六十七名），授工部主事，歷郎
中。天啓初，官常州府知府。持身清廉，爲政愷悌，公平不畏
疆禦。歷南京工部侍郎，京師陷，唐王稱號於福州，以爲吏部
尚書，兼東閣大學士。清兵破福州，曾櫻絜家避海外中左衛，
後其地被兵，遂自縊死。

明‧張廷玉《明史》（卷二七六），臧勵龢《中國人名大辭
典》（頁一一六七‧三），載有傳或事略。

《海忠介公文集》六卷　家傳二卷　明‧海　瑞

黃蔭普《廣東文獻書目知見錄》（集部‧頁一四〇）著錄
明天啓四年（1624）至崇禎七年（1634）高淳黃氏刊本

黃秉石，字復子，江蘇江寧縣人。明萬曆中，以薦爲推官，
官至嚴州府（浙江省）同知。著有《偶得紺珠》（一卷），行
世。於明毅宗崇禎四年（1631）辛未春正月，作〈刻海忠介公
集幷紀傳序〉，收在《海忠介公全集》（卷之首‧序）。

傅振商，字君雨，室名：冰玉堂，河南汝陽縣人。明神宗萬
曆三十五年（1607）丁未科進士（三甲一二三名），選庶吉

士，改御史、按南畿，累遷右副都御史，巡撫南贛，遷南京兵
部右侍郎，崇禎時進兵部尙書，卒諡：莊毅。著有《杜詩分
類》、《古論元箸》、《輯玉錄》、《蜀藻幽勝集》、《四家
詩選》。於明毅宗（莊烈帝）崇禎四年（1631）辛未秋月，作
〈海忠介全集敘〉（收在《海忠介公全集》卷之首·序），弁
於卷端。

　　臧勵龢《中國人名大辭典》（頁一一三二·一）、池秀雲
《歷代名人室名別號辭典》（頁二九八），有載。

　　　　　臺灣：國家圖書館　1078　八冊

　　　　　　殘存四卷（文集缺卷一、卷二）

《海忠介公文集》七卷　　明·海　瑞

　　黃蔭普《廣東文獻書目知見錄》（集部·頁一四〇）著錄

　　　明崇禎間（年次未詳）刊本

　　　　日本：靜嘉堂文庫　二冊

《海忠介文集》八卷　　明·海　瑞

　　黃蔭普《廣東文獻書目知見錄》（集部·頁一四〇）著錄

　　　明崇禎六年（1633）癸酉刊本

　　　　日本：內閣文庫　四冊

《海忠介公文集》　　明·海　瑞

　　本《海忠介公文集》，由向萬鑅作〈補刊海忠介公文集跋
後〉，收在《海忠介公全集》（卷之首·跋）。

　　向萬鑅，湖南善化縣（今名：長沙縣）人。優貢生，於清德
宗光緒三十年（1904）分巡海南道（原雷瓊道）。

　　　清光緒三十年（1904）甲辰九月（向萬鑅跋）補刊本

　　　　案：是「補刊本」，未見藏板。

《海忠介公集》六卷　上下編及附錄

明·海　瑞　　陳義鍾編校本

呂名中《南方民族古史書錄》（頁一四八）著錄

一九六二年十二月　北京市　中華書局　簡鉛本

（丘海二公文集合編本）

按《海忠介公集》，又題名作《海瑞集》，分二冊。

日本：東洋文庫　　　京都大學（人文）

九州大學圖書館　大阪市立圖書館

《海瑞集》　　明·海　瑞　　　陳義鍾編校本

一九六二年十二月　北京市　中華書局　簡鉛本

2 冊（656）面　21 公分（二十五開本）

本《海瑞集》，分二冊。主要內容，除吳晗〈論海瑞〉（代序）外，依目次：

上編：一、中舉前後時期：有〈嚴師教戒〉等七篇

二、南平教諭時期：有〈教約〉等六篇

三、淳安知縣時期：有〈淳安稿引〉等三十二篇

四、興國知縣時期：有〈興國八議〉等六篇

五、應天巡撫時期：有〈改折祿米倉糧疏〉等十九篇

六、瓊山閑居時期：有〈擬丈田則例〉一篇

七、南吏部及都御史時期：有〈泰伯論下〉等十五篇

下編：一、論著類：有〈泰伯論上〉等十五篇

二、序跋類：有〈贈黃廣臺思親百詠序〉等七篇

三、贈序類：有〈賀景竹王千兵榮膺軍政序〉等五十四篇

四、書牘類：有〈奉二守陳南川書〉等一百一篇

五、贊頌、哀祭、墓誌類：有〈贊蕭氏一門二節〉等
六篇

六、雜記類：有〈樂耕亭記〉等三篇

七、四書講義：有〈生財有大道節〉等十篇

八、詩　類：有〈游蜂嘆〉等二十五首

九、專　著：有《元祐黨籍碑考》等二種

附錄：一、傳　記：有《明史》（列傳·海瑞）等六篇

二、序　跋：有〈阮尚賓刻海忠介公文集序〉等十六
篇

三、參考資料：有〈徐常吉劾房寰疏〉等九篇

中國：海南師範學院　11.85（人）／278

《海忠介全集》七卷　　明·海　瑞

黃蔭普《廣東文獻書目知見錄》（集部·頁一四〇）著錄

莫伯驥《五十萬卷書樓藏書目錄初編》（民國五十六年
（1967）臺灣刊本）收錄

明崇禎年間刊本

《海忠介公全集》十二卷　　明·海　瑞

黃蔭普《廣東文獻書目知見錄》（集部·頁一四〇）著錄

明天啓五年（1625）刊本　六冊

臺灣：莫伯驥《五十萬卷書樓藏書目錄初編》
（一九六七年臺灣刊本）

中國：上海圖書館

香港：徐紹棨《南州書樓存港書簡目》（鈔本）

《海忠介公全集》　　明·海　瑞

本《海忠介公全集》，係以「壬戌歲」（明天啓二年）所訂

第本爲基礎（乃興國諸議居多），幷遍搜《備忘集》、《續備忘集》，暨淳安、南平諸刻，合而彙輯成帙，復付梓以行於世。首有梁子璠、邢祚昌二序。

梁子璠，字兆瑚，廣東南海縣人。明熹宗天啓二年（1622）壬戌科進士（三甲一四四名），天啓三年（1623）癸亥歲夏月，授廣西蒼梧縣知縣。於明天啓五年（1625）乙丑重陽日，作〈海忠介公全集序〉，刊於卷端。

邢祚昌，廣東瓊州府文昌縣人。明神宗萬曆三十二年（1604）甲辰科進士（三甲六十四名），歷任安徽太湖縣知縣、南京大理寺評事、刑部郎中、湖北德安府知府、廣西按察司副使、兼布政司右參議分守蒼梧道、參政使。於明熹宗天啓六年（1626）丙寅初夏月，作〈海忠介公全集序〉，弁於卷端。

明天啓六年（1626）丙寅初夏月（邢序）南海梁子璠刊本

《海忠介公全集》　　明·海　瑞　　王夢雲輯印本

民國六十二年（1973）五月　臺北市　海忠介公全集輯印委員會（主任委員：王夢雲）　影印本

600 面　有像　27 公分（十六開本）　精裝

按《海忠介公全集》，係以清康熙四十七年（1708）賈棠刻、民國十七年（1928）王國棟編校《丘海二公合集》（海南書局重印本）中《海忠介公集》（六卷）爲主，暨《皇明經世文編》、《明臣奏議》、《瓊州府志》、《瓊山縣志》、《淳安縣志》爲輔。若上列文集書志無者，從香港中山圖書館，中文學院及學者所藏散文輯入。排印次序，悉以賈本六卷門類或文體相近者，附載於卷之末。另有海公傳記，暨各集重刻序跋，編爲卷之首，附錄一卷，摘載榮哀錄及與公相關事蹟議論，曰卷之七，全集共八卷。依卷次之序，分著於次，以供查考。

卷之首　〈傳〉六篇、〈序〉十四篇、〈跋〉七篇。

卷之一　〈稿引〉一篇、〈奏疏〉十六篇。

卷之二　〈策〉一篇、〈訓諭〉一篇、〈參評〉十一篇、〈參語〉八篇、〈申文〉十六篇、〈稟帖〉五篇、〈告示〉十四篇、〈條例〉十五篇、〈册式〉十篇、〈黨考〉三篇。

卷之三　〈序〉三十一篇（內〈淳安稿引〉，與卷之一〈稿引〉重複）。

卷之四　〈序〉三十三篇。

卷之五　〈記〉三篇、〈誌銘〉三篇、〈贊〉一篇、〈祭文〉二篇、〈書簡〉一〇一篇、〈議論〉二篇。

卷之六　〈論〉十一篇、〈詩〉二十七首、〈四書講義〉一〇篇。

卷之七（附錄）　〈諡文〉一篇、〈祭文〉一一篇、〈輓詩〉三十二首、〈贊〉五篇、〈行狀〉一篇、〈年譜〉三篇、〈雜記〉四十三篇。

《海忠介公全集》　明·海　瑞

朱逸輝　勞定貴　張昌禮校注本

一九九八年十二月　香港　東西文化事業公司　第一版

（24）,917 面　有像圖　21 公分（二十五開本）　精裝

本《海忠介公全集》（校注本），係以民國六十二年（1973）五月，臺灣版《海忠介公全集》（輯印本）爲主（基

礎），一九六二年十二月，北京市中華書局《海瑞集》（編校本）爲輔，幷參考相關文獻史料而校注。

按「校注本」，力求體現海瑞「剛直不阿、嫉惡如仇、嚴以律己、廉潔勤政、秉公執法、鐵面無私、關懷百姓、愛民如子」精神，暨海忠介「爲政思想、經濟思想、教育思想」精髓。

於《海忠介公全集》校注本，最大特點是"全面、簡明、精確"。益顯示校注者，"治學嚴謹、考據精詳"（王萬福、李養國「新校本」讀後感）。

此外，朱逸輝「校注本」，收錄有海瑞之遺像、塑像、故居、陵園、書法、印章、名片等新舊圖片，暨相關文獻資料，堪稱集古今《海瑞文集》之大成。

臺灣：臺北市·海南文獻史料研究室

三、合　集

海南福地，山川毓秀。地靈人傑，代有達人。
科甲迭起，名賢輩出。丘濬海瑞，瓊郡雙璧。
名垂青史，日月同光。人文薈萃，傑出超倫。
著作不輟，包孕宏富。順理成章，名實相符。
丘海合集，後世頌揚。梓板不斷，廣泛流傳。

《丘海二公文集》　　明·丘　濬　　海　瑞

黃蔭普《廣東文獻書目知見錄》（集部·頁二〇一）著錄

清康熙四十七年（1708）戊子　關中焦映漢輯刊本

日本：東方文化研究所

王國憲《民國　瓊山縣志》（卷之二十·藝文志·集部）著錄，並載有〈焦序〉、〈賈序〉全文，亦收在《海忠介公全集》（卷之首·序）。

焦映漢，陝西人。監生，清康熙四十四年（1705）乙酉，分巡雷瓊道按察使司副使。勤宣德教，扶植士氣，創建瓊臺書院，一切需費，悉出捐俸，不假助援，復置義田，以供稟饌。延名宿爲師，聚闔郡生童，講貫其中，諸生有艱於自給者，或省試無力者，亦得仰資歲租，以繼其不逮。倡修郡志，士林頌之。并設主祀於瓊臺書院

清·明　誼修、張岳崧纂《道光　瓊州府志》（卷之三十一·官師志三·宦績下），載有事略。

賈　棠，字青南、號海瞻，直隸（今河北省）河間（又作：故城）縣人。歲貢，於清康熙三十七年（1698）戊寅，任瓊州府正（知府），己率屬決訟如流，置義田濟孤貧，歲饑捐賑，民賴以甦。郡治低窪，乃除道成梁，以便行旅。捐俸修學宮，纂修郡志，守瓊九載，百廢具舉。擢廣東鹽法道，整飭鹾政，通商恤民。祀名宦祠

清·明　誼修、張岳崧纂《道光　瓊州府志》（卷之三十一·官師志三·宦績下），載有事略。

清康熙四十七年（1708）焦映漢·賈　棠同編本

臺灣：中央研究院史語所　八冊

《丘海二公文集合編》十六卷　　明·丘　濬　海　瑞

按《丘海二公文集合編》，計收錄《丘文莊公集》十卷，《海忠介公集》六卷，共一十六卷。

清·永　瑢《欽定四庫全書提要》：濬、瑞皆瓊州人，映漢

與棠同官於瓊，故有茲刻。濬瓊臺類藁本七十卷，此選定爲十卷。瑞集有自作藥引，不著卷數，此選定爲六卷。映漢爲濬作傳，又載梁雲龍所作瑞傳，蓋是編刻於康熙戊子，時明史尙未成也。

　　楊家駱《四庫大辭典》（頁一一一九）：清・焦映漢、賈棠，所刻邱濬、海瑞集也。總集存四

　　　　清乾隆十八年（1753）癸酉　丘氏可繼堂刻本

　　　　　　日本：東方文化硏究所

　　　　　　中國：廣東中山圖書館　十册

《丘海二公合集》　　明・丘　濬　　海　瑞

　　清・程景伊〈丘海二公合集序〉云：文莊、忠介兩先生之有合集也，初梓於康熙戊子，則爲運使甘陵賈君棠，觀察關中焦君映漢。重刊於乾隆癸酉，則爲縣令關中黨君維世。蓋以兩先生生瓊臺海外，人品學業，卓冠前朝。重其人者，因其遺文而什襲之，而編摩之，時愈久而文愈昌。兩先生之所以不朽於後世，其精氣足以綿之也。丘君士俱本年選拔士，即文莊之後裔，函合集入京，介吳學齋太史問序於余，余惟兩先生事業，炳於史册，其文之蒐羅補輯，賈焦諸君，皆已言之。至流風餘韻之在瓊者，太史又所熟稔，凡此皆無待余之言之者也。…觀兩先生之身後，則其與於世也足以風矣。其發而爲言者，不亦可爲吉光之片羽，桂林之一枝哉！是爲序（收在《海忠介公全集》卷之首・序）。

　　程景伊，字聘三，號雲塘、莘田，室名：綠雲書屋、蒲褐山房，江南（今江蘇省）武進縣人。清高宗乾隆四年（1739）己未科進士（二甲十二名），由編修累官文淵閣大學士，兼吏部

尙書。工詞章，精吏牘。服膺濂洛五子之教，而不以道學名。
喜爲詩，以沖和眞淡稱。卒，諡：文恭。著有《雲塘文集》
（臧勵龢《中國人名大辭典》，頁一一八八·四，有載）

　　清乾隆四十三年（1778）戊戌十月旣望（程序）刻本

《丘海二公合集》　　明·丘　濬　　海　瑞

　　清·朱　棨〈重刊丘海二公合集序〉云：二公爲文，本諸躬
行心得，以期合乎聖賢之道。故章奏傳記，以及往來吟詠諸
作，皆以有本之學，維繫乎人心世道也。二公兩集原板，日久
剝落。前觀察焦公、太守賈公，刪補繁簡，合刻一篇，流傳海
內。

　　又云：余慕二公之爲人，讀其書久矣。去秋恭承簡命來守是
邦，獲拜謁祠像，公餘訪其遺書，頗多漫漶。丘裔萬邦等議重
刊斯集，時張翰山太史奉諱在籍，力成其事。余因出所攜本，
俾其裔校讐，而復其舊。

　　末云：夫景仰前賢，嘉惠來學，崇經術而厲氣節，端士習以
成民風，守土者之責也，然而予滋愧矣（於《海忠介公全
集》，卷之首·序，有載錄）。

　　朱　棨，字勳楣，自稱：琴語山戶，廣西臨林（今桂林）縣
人。清仁宗嘉慶十三年（1808）戊辰科進士（二甲一名），歷
任翰林院編修、武英殿提調，國史館文穎館纂修，誥授中憲大
夫知瓊州府事。爲政得大體，重士愛民，杜絕苞苴，爲人溫文
爾雅，尤善栽培寒畯。後調江西九江府知府，郡人慕之。

　　清·張岳崧《道光　瓊州府志》（卷之三十一·官師志三·
宦績下）、王國憲《民國　瓊山縣志》（卷之二十三·官師志
·宦績），載有事略。

清嘉慶二十年（1815）乙亥七月既望（朱序）重刊本

《丘海文集》　　　明‧丘　濬　　海　瑞

清‧張岳崧〈捐資重刊丘海文集序〉云：夫二公相業風節章己，其文章大者，羽經翼史，輔運匡時，煌煌乎河岳，日星流照今昔。而詩古文詞之作，則亦不遺於細焉。

又云：二公文集重刊於乾隆癸酉，丘裔藏其板，久就剝，蠹恐逐遺佚，不紀於後。…而況述作之著者乎？若二公者，俎豆海內，而吾鄉人莫或祗奉，至視其遺書漸就湮滅，余心戚焉。

末云：今與丘裔修甫茂才議重刊斯集，剞劂之費由鄉人捐貲。先二公裔，志數典也。次吾里人，志景行也。竣事之後，錄名給書各有差，庶幾吾鄉宗仰之意，而觀法激發以興於學也（於《筠心堂文集》刊錄）。

張岳崧（1773～1841），字子駿，又字：韓山、翰山、澥山，號覺庵、指山，亦號：指生，室名：筠心堂、筠心草堂，又稱：海山道人，廣東瓊州府（今海南省）定安縣人。清仁宗嘉慶十四年（1809）己巳科進士（一甲三名），歷任翰林院庶吉士、編修、侍講，會試同考官、四川鄉試正考官、國史館協修、文穎館纂修、文淵閣校理，文英殿纂修，陝甘提學、江蘇常鎮通海兵備道、兩浙鹽運使、大理寺少卿、詹事府詹事、浙江按察使、湖北布政使、護理巡撫等職。政績斐然，深受器重與贊頌。書法歐、虞，與郭蘭石（尚先）大理齊名，當時碑版多出其手。畫宗元人，不多作。著有《公牘倡存》一卷、《筠心堂文集》十卷、《筠心堂詩集》四卷、《運河北行》一卷、《訓士錄》一卷，并纂《瓊州府志》四十四卷，俱傳於世。

徐德鑫《定安縣人物錄》（頁一四二～一四三）、王俞春

《海南進士傳略》（頁一一二～一一六）、朱逸輝《海南名人傳略》（冊上·頁四四～五〇）、吳應廉《光緒　定安縣志》（卷之六·列傳志·人物）、汪兆鏞《嶺南畫徵略》（卷七）、池秀雲《歷代名人室名別號辭典》（頁六二九），載有傳（事）略。

　　清道光十一年（1831）辛卯（張序）重刊本

《丘海二公合集》　　明·丘　濬　　海　瑞

　　黃蔭普《廣東文獻書目知見錄》（集部·頁二〇一）著錄

　　　　清同治十年（1871）辛未　刊本

　　　　　　中國：廣東省立圖書館　十冊

《丘海二公合集》十卷　　明·丘　濬　　海　瑞

　　王國憲〈重刊丘海二公合集跋〉（民國十六年歲次丁卯）云：有明丘海二公，以名儒爲名臣。經濟氣節文章，炳耀寰區，昭垂史策。其著作之富，四庫著錄，外間未有刊本。

　　又云：清初賈太守棠、焦觀察映漢，輯二公詩文，編爲合集，流傳二百餘年。其板今散佚不全，海南書局主人，覓原刊舊本，重加校訂圈點，印行於世。其表章先賢著作，嘉惠士林，甚盛舉也。

　　末云：二公文章，前賢李茶陵、葉福清、程墩篁、陳清端諸公，已有定論，不能再贊一詞。謹敘其顚末於後，俾後之讀二公合集者，其知所師法云（收在《海忠介公全集》卷之首·跋）。

　　　　民國二十年（1931）　　海口市　海南書局　鉛印本

　　　　　（海南叢書　第一集）

　　按「海南叢書」（第一集），題名《丘海合集》，計分：上中下三冊。上、中二冊，係《丘文莊公集》，下冊爲《海忠介公集》。

中國：海南師範學院圖書館

《丘海二公文集》（合編本）　　明・丘　濬　　海　瑞

一九六二年十二月　北京市　中華書局　簡鉛本

冊　有像圖　21公分（二十五開本）　平裝

（陳義鍾編校本）

中國：海南大學圖書館

綜而窺之，海瑞著述，多係後人彙編梓刊傳世。其梓板殊多，且同一書而有多種題名者不少，於文中大都詳加說明，以避免閱讀者混淆不清，徒增困擾耶。

就知見藏板（公藏者）言之，計有《備忘集》（臺灣版・學海出版社，校正影印本，精裝三冊）、《海瑞集》（北京版・中華書局，陳義鍾編校本，二冊）、《海忠介公全集》（臺灣版・王夢雲輯印本，精乙冊，十六開本），暨香港版・朱逸輝校注本，精裝乙冊三種，資料完整，考訂精詳，堪稱完美，乃罕有梓板，彌足珍貴矣。

四、疏　彙

此外，在《海忠介公全集》，凡七卷、首一卷。其卷之一「策疏」目中，關於〈治安疏〉者，尚有三篇「實爲同疏異名者」。而散見於他人輯本，特彙述如次，以避免訛傳，俾臻完美，并供查考。

〈諫修齋建醮疏〉　　海　瑞

明世宗嘉靖四十五年（1566）丙寅歲之作

清高宗乾隆四十九年（1784）歲次甲辰之十一月，奉敕編成
《御選明臣奏議》（卷二十七）輯錄。

　　清文淵閣四庫全書本　　　臺灣：國立故宮博物院

　　民國七十二年（1983）　　臺北市臺灣商務印書館　影印本

是《御選明臣奏議》，係據臺灣「國立故宮博物院」（文獻
館）珍藏，清文淵閣《欽定四庫全書》本景印，精裝（十六開
本）

按《御選明臣奏議》四十卷，於清高宗乾隆四十年（1775）
乙未，奉上諭敕編。係以皇子司選錄，尚書房入直諸臣預繕
寫，每成一卷，立即恭呈御覽，斷以睿裁。迨清高宗乾隆四十
九年（1784）甲辰歲十一月，敕編成帙，由總纂官紀昀、陸錫
熊、孫士毅，總校官陸費墀等恭校上進。此帙收在「臺灣商務
印書館」（景印本），文淵閣《欽定四庫全書》（史部二〇三
·昭令奏議類），第四四五冊（頁四三五～四三七）。

本《御選明臣奏議》（凡四十卷），海瑞〈諫修齋建醮
疏〉，列卷二十七。蓋是編纂次，依明代紀年先後，其有同時
陳奏者，則以官階大小編入，次第釐然，悉符史家體例（凡例
·第五條末段）。然明臣習尚喜滋議論，奏牘之繁迥逾前代，
故是編專擇其危言讜論，得失攸關以著勸懲而垂法戒，如屬泛
行陳奏或涉門戶交攻，文采雖工概從汰置（凡例·第二條）
焉。

清·文淵閣《欽定四庫全書》（史部），內中《御選明臣奏
議》，奉敕參與編校等各項事務者，就其里籍、事略，分別著述
於次，以供史家查考。

　　總纂官：計三人，其姓氏、里籍、事略，分別述著如次，以供方家參考。

　　紀　昀（1724～1805），字曉嵐、號春帆、自號：石雲，別稱：觀奕道人，室名：鏡煙堂、閱微草堂、九十九觀齋、瑞杏軒，直隸（河北）獻縣人。清高宗乾隆十九年（1754）甲戌科進士（二甲四名），選庶吉士，遷侍讀學士，坐事戍烏魯木齊，尋釋還，復授編修，官至協辦大學士，加太子太保。卒年八十二，諡：文達。

　　紀昀氏，貫澈儒籍，旁通百家。其學在辨漢宋儒術之是非，析詩文流派之正偽，主持風會，為世所宗。任《四庫全書》總纂，校訂整理，每書悉作提要，冠諸簡首，稱大手筆。又詔撰《簡明目錄》，評隲精審，一生精力，備注於此。休寧戴震與交最篤，主其家二十餘年。性坦率，好滑稽，有陳亞之稱。自著有《紀文達公全集》、《紀昀遺集》、《閱微草堂筆記》七種，行於世（臧勵龢《中國人名大辭典》頁六七八·二）。

　　清·國史館《清史列傳》（卷二八·大臣傳）、趙爾巽《清史稿》（卷三二〇·列傳一〇七）、李　桓《國朝耆獻類徵初編》（卷三一·宰輔三一）、江　藩《漢學師承記》（卷六）、錢　林《文獻徵存錄》（卷八）、張維屏《國朝詩人徵略》（卷三五）、國史館《滿漢大臣列傳》（卷六十）、梁章鉅《國朝臣工言行記》（卷二十）、錢儀吉《碑傳集》（卷三八）、蔡冠洛《清代七百名人傳》（第四編·學術·樸學）、徐世昌《大清畿輔先哲傳》（傳二三·文學傳五）、支偉成《清代樸學大師列傳》（校勘目錄學家列傳第十九），皆載有傳。

　　陸錫熊（1734～1792），一名：錫榮，字健男、號耳山、又號：篁村，別稱：淞南老人，室名：寶奎堂，家有傳經書屋、浴鳧池館，江蘇上海縣人。清高宗乾隆二十六年（1761）辛巳恩科進士（二甲六十六名），賜內閣中書。繼爲《四庫全書》總纂官，由刑部郎中改侍讀，官至左副都御史（池秀雲《歷代名人室名別號辭典》頁三三一）。

　　陸錫熊氏，博聞強記，資稟絕人，獻賦行在，以文學受知於高宗。初奉敕編《通鑑輯覽》，續編《契丹國志》、《勝朝殉節諸臣錄》、《河源紀略》等書，每書成，奏進表文，多出其手。自著有《篁村詩鈔》、《寶奎堂文集》、《補陳壽禮志》、《炳燭偶鈔》、《陵陽獻徵錄》行世（臧勵龢《中國人名大辭典》頁一一二四·三）。

　　清·國史館《清史列傳》（卷二五）、趙爾巽《清史稿》（卷三二〇·列傳一〇七）、錢儀吉《碑傳集》（卷三五）、李桓《國朝耆獻類徵初編》（卷九六·卿貳五六），載有傳。

　　孫士毅（1720～1796），字致遠、又字：智治，號補山，室名：百一山房，浙江仁和縣人。清高宗乾隆二十六年（1761）辛巳恩科進士（二甲四名），以召試授內閣中書，洊陞侍讀。歷官雲南巡撫罷，於清高宗乾隆五十七年（1792）壬子，特賞編修，纂校《四庫全書》。由於征緬甸、定安南、平湖南叛苗，勦湖北白蓮教，績功甚著。官至軍機大臣，文淵閣大學士，封三等男爵，卒諡：文靖。

　　孫士毅氏，生平精力過人，詩又能獨出機杼。性愛石，有米顛癖。督學黔中時，得文石百有一枚，故自署曰：百一山房。著有《百一山房集》、《奏議》，藏於家。

清‧國史館《清史列傳》（卷二六）、國史館《滿漢大臣列傳》（卷六七）、梁章鉅《國朝臣工言行記》（卷之二一）、趙爾巽《清史稿》（卷三三〇‧列傳一一七）、李　桓《國朝耆獻類徵初稿》（卷三二‧宰輔三二）、李元度《清朝先正事略》（卷二〇‧名臣）、蔡冠洛《清代七百名人傳》（第二編‧軍事／邊務），皆載有傳。

總校官一人，其姓氏、里籍、事略，著述於次，以供方家（先進、賢達）查考。

陸費墀（1731～1790），字丹叔、一字：硻士，號頤齋，晚自稱：吳涇灌叟，浙江桐鄉縣人。清高宗乾隆三十一年（1766）丙戌科進士（二甲一名，俗稱：傳臚），選庶吉士，授編修。歷充《四庫全書》總校官及副總裁，并偕紀昀等編纂《歷代職官表》，尋《四庫全書》有譌謬處，革職。官至禮部左侍郎，罷歸（臧勵龢《中國人名大辭典》頁一一二一‧一）。

陸費墀氏，自幼讀書，即寄興丹青，究心篆刻，深入古人之室，工詩文。著有《經典同文》、《歷代月朔考》、《歷代帝王廟諡年諱譜》、《頤齋賦稿》、《枝蔭閣詩文集》（盛叔清《清代畫史增編》卷三四）。

清‧國史館《清史列傳》（卷二六‧大臣傳）、趙爾巽《清史稿》（卷三二〇‧列傳一〇七）、李　桓《國朝耆獻類徵初編》（卷九八‧卿貳五八），皆載有傳。

次依《御選明臣奏議》列載〈職銜〉，計有：朱依炅（詳校官）、許兆椿（覆勘）、章維桓（總校官）、高械生（校對官）、朱一鳴（謄錄），分述如次，以供查考。

朱依炅（父：若東、兄：依魯），字仲和、又字：仲明，號
鏡雲、亦號：勁筠，室名：篠亭、讀書識字庵，廣西臨桂縣
人。清高宗乾隆四十九年（1784）甲辰科進士（三甲二十九
名），散館授檢討，任《欽定四庫全書》（史部・昭令奏議
類）《御選明臣奏議》詳校官。著有《詩》三卷、《館課存
餘》二卷、《雜著》一卷，存於家（清・朱汝珍《詞林輯略》
卷四）。

清・蔡呈韶《嘉慶　臨桂縣志》（卷二九・人物二・朱亨衍
傳附），載有事略。

許兆椿，一名：兆春，字茂堂、又字：秋嚴、雲巖，號秋
崖，室名：秋水閣，湖北德安府雲夢縣人。清高宗乾隆三十七
年（1772）壬辰科進士（二甲九名），散館授編修，累官刑部
郎中、廣東督學、江蘇糧儲道、漕運總督、江寧布政使，鏟奸
剔弊，蠹胥豪猾，尤加懲創（群雅集）。

許秋巖氏，于思飄然，議論明達，工詩善書，尤精於吏牘，
下筆千言，無不迎刃而解，蓋非獨以吟詠見長矣。與其鄉余元
亭同知、彭秋潭知府，文名鼎峙（毛慶善《湖海詩人小傳》卷
三三）。著有《秋水閣詩鈔》，并於乾隆年間，刑部郎中任
內，覆勘《御選明臣奏議》（凡四十卷）。

清・朱汝珍《詞林輯略》（卷四）、易宗夔《新世說》（卷
七・輕詆）、張維屏《國朝詩人徵略初編》（卷四十三）、毛
慶善《湖海詩人小傳》（卷三三），皆載有事略。

章維桓，舉人，任《御選明臣奏議》總校官。

高棫生，字繼三、號芃麓，河北順天府宛平縣人。清高宗乾
隆四十五年（1780）庚子恩科進士（二甲三〇名），散館授編

修，降廣西天河縣知縣（朱汝珍《詞林輯略》卷四）。

清‧林光隸《道光　天河縣志》（卷上‧秩官‧國朝知縣），有載。

朱一鳴，監生，任《御選明臣奏議》謄錄。

〈海瑞諫服藥求長生疏〉　　海　瑞

明世宗嘉靖四十五年（1566）丙寅歲春二月作（上言）

清‧吳秉權　周之炯　周之燦《綱鑑易知錄》（下冊），於《明鑑易知錄》（卷九‧明紀‧世宗）收錄。原「尺木堂」《明鑑易知錄》（明紀‧別為十五卷），歷十六朝，共二百六十七年。

按《綱鑑易知錄》，綱目體通史。緣自盤古，終迄明末。綱鑑，明清人取宋代，朱熹《通鑑綱目》體例編歷代史，於「綱目」、「通鑑」，各取一字，謂稱「綱鑑」。由於敘事簡明，脈絡清晰，使閱讀者，一看便知，故曰「易知錄」（王杏銀《古籍書名辭典》頁二二七）。

清康熙五十年（1711）辛卯　刻本　線裝　三十六冊

臺灣：國立臺灣圖書館　A610.29／2624

吳秉權（吳修四子），字楚材、自成、經可，號小亭、貞隱，浙江海鹽縣人。工寫生，精鐵筆，兼善篆隸，豪於飲，酒酣落筆，頗得天趣。年未三十，所造未可量也。

清‧蔣寶齡《墨林今話》（卷九‧吳修傳附），李亨特《乾隆　紹興府志》（卷六一‧人物志‧義行下）、徐元梅《嘉慶　山陰縣志》（卷十五‧人民志‧鄉賢），載有事略。

周之炯，字靜專，浙江紹興府山陰縣人。

周之燦，字星若，浙江紹興府山陰縣人。

　　民國五十三年（1964）　臺南市　大東書局　影印本
　　　　臺灣：國立臺灣圖書館
　　民國六十二年（1973）三月　臺北市　文化圖書公司
　　影印本（國學名著）　精裝　二冊（二十五開本）
　　　　臺灣：國家圖書館　R610.29／7894
　　清·陳　鶴　陳克家《明紀》（卷三十六），亦有摘要輯錄，惟未標示題名而已。

　　按《明紀》（凡六十卷），編年體史書。仿《續資治通鑑長編》（宋·李燾）體例，幷博采《明史》、《明史稿》，暨諸家傳記，著成其書。蓋是書原本正史，閒參《明史稿》及野史，雖偶有采摭，亦必旁證覈實而後著之，凡新異詭誕之說概置不錄。於三百年禮樂刑政，治亂成敗，忠邪是非之大端，瞭如秩如，不愧良史。後八卷係其孫克家，賡續成之，體例如一耶。

　　陳　鶴（1757～1811），字鶴齡、號稽亭，江蘇元和人。清仁宗嘉慶元年（1796）丙辰恩科進士（二甲十二名），官工部主事。性廉潔，善古文詞，熟悉史事。著有《明紀》（六〇卷），手輯至五十二卷而卒，餘八卷爲孫陳克家續成之。

　　陳克家（～1860），字子剛、號梁叔，室名：蓬萊閣、桂門，江蘇元和人。清宣宗道光二十四年（1844）甲辰科舉人，官內閣中書。少爲桐城姚瑩所器重，婁縣姚椿稱爲唐·魏文貞公一流人物。詩學黃庭堅，後入提督張國樑幕，於清文宗咸豐十年（1860）庚申歲殉難，詔贈知府銜，世襲雲騎尉。

　　清同治十年（1871）辛未　刻本　線裝二十冊
　　　　臺灣：國立臺灣圖書館　A626.02／7547

民國五十四年（1965）十一月　臺北市　中華書局
影印本（依據江蘇書局刻本，聚珍倣宋版印）　列《四部備
要》（史部·二八　頁一六～一八）

臺灣：國立臺灣圖書館　030.82 ／ 5457

〈直言天下第一事疏〉　　海　瑞

明世宗嘉靖四十五年（1566）丙寅歲春月，於任戶部主事時
作，在《海忠介公全集》目錄（卷之一·策疏），則題名作
〈治安疏〉。

朱逸輝《海忠介公全集》（校注本），注釋(1)這篇《治安
疏》是嘉靖十五年（1536），海瑞任戶部主事時寫的（頁一一
七）。然是年海瑞才二十四歲，尚未進入郡庠就讀。於是顯
示，朱逸輝「校注本」，注釋(1)所誌有誤，特置疑如次，以供
查考。

明·孫　旬《皇明疏鈔》（卷二十五·弼違二）輯錄。

本《皇明疏鈔》，題「巡按浙江監察御史東萊孫旬彙輯」，
「兩浙都轉運鹽使司運使新都游應乾、杭州府知府吳郡張振
之、同知豫章喻均同校」。其里籍、事略，分述於次，以供查
考。

孫　旬，字若穆、號溍西·山東萊陽人。明神宗萬曆二年
（1574）甲戌科進士（三甲六名），授行人，擢陝西道御史，
時張居正為相，權傾中外，旬獨亢直不附。巡鹽浙江，值兵變
劫撫軍，旬單身詣賊壘諭利害，亂遂定，全省士民賴以寧謐。
再按江西順天，貴戚斂手，宦寺屏息。累遷大理寺卿，以母憂
歸卒（國立中央圖書館《明人傳記資料索引》頁四三四）。

明·支大倫《支華平集》（卷五·送巡按督鹺孫溍西序）、

清·萬邦維《康熙　萊陽縣志》（卷之八·人物志），臧勵龢《中國人名大辭典》（頁七五二·四），有事略。

游應乾（1531～1608），字順之、號一川，安徽婺源人。明世宗嘉靖四十四年（1565）乙丑科進士（二甲六十三名），授戶部主事，歷寧波知府，遷兩浙都轉運鹽使司運使，官終戶部侍郎，卒年七十七歲（國立中央圖書館《明人傳記資料索引》頁六二六）。

張振之，字仲起、號起潛，江蘇太倉人。明世宗嘉靖三十八年（1559）己未科進士（三甲二〇七名），授處州推官，歷知吉安、撫州、杭州，遷浙江兵備副使，未任卒（國立中央圖書館《明人傳記資料索引》頁五三四）。

喻　均，字邦相，江西新建人。明穆宗隆慶二年（1568）戊辰科進士（三甲三二三名），官至山東按察使副使，嘗與劉元卿同撰《江右名賢編》。并有《山居文稿》，暨《蘭陰》、《仙都》、《虎林》諸稿（國立中央圖書館《明人傳記資料索引》頁六六九）。

按《皇明疏鈔》，凡七十卷（海瑞〈直言天下第一事疏〉，收在卷二十五·弼違二）。是書，雖有梓本，唯流傳欠廣，稀見藏板。清·張廷玉《明史》（藝文志·集部·總集類）、黃虞稷《千頃堂書目》（集部·表奏類），有孫旬《明疏議》（七十卷），然作者姓名及書名，皆與今本不同。特誌於茲，以供方家查考。

　　明萬曆十二年（1584）兩浙都轉運鹽使司刊本
　　　　臺灣：國家圖書館
　　中國史學叢書本（影印本）

　　12 冊　21 公分（二十五開本）　精裝

　　按《中國史學叢書》，係由劉兆祐（文學博士）主編。於民國七十五年（1986）六月，臺北市‧臺灣學生書局，根據國立中央圖書館（今名：國家圖書館）珍藏，明萬曆十二年（1584）甲申，兩浙都轉運鹽使司刊本（景印）。海瑞〈直言天下第一事疏〉（亦稱〈治安疏〉，俗諺：「海瑞罵皇帝」，尚有以此為題材，搬上銀幕，拍攝〈海瑞罵皇帝〉電影），收在叢書（三編‧第二輯、第五冊‧頁一八四五～一八五七）。

　　　　　　　臺灣：國立臺灣圖書館　618／7233

　　綜合言之，於各書中，題名各異，唯其內涵，大同小異，且似係同一紀事。茲為保持資料完整性，特自清《欽定四庫全書》（史部《御選明臣奏議》卷二七）、明《綱鑑易知錄》（文化版、下冊）中《明鑑易知錄》（卷九），暨孫旬《皇明疏鈔》（卷二五‧弼違二）、陳鶴《明紀》（卷九），影印相關史料部分，拾輯彙裝成帙，題名《海瑞〈治安疏〉彙集》，於臺北市「海南文獻史料研究室」珍藏，以供研究參考。

卷之四　研　究

　　海南耆碩：文朝籍、吳迺憲、吉章簡、龔少俠、王萬福等四十餘人，民國六十六年（1977）六月，倡議籌組「中國丘海學會」，以宏揚先賢丘文莊、海忠介兩公之「經世治平」學術思想與高風亮節。於次歲（1978）戊午六月十一日，國際詩人節隆重成立，並發行《中國丘海學會成立特刊》（民國六十九年八月八日，奉內政部臺（69）內社字第四一一六號函核定，更名：中華民國丘海學會）、《中國丘海學會會刊》（民國六十八年九月十五日創刊）、《丘海季刊》（民國七十年三月三十日創刊）、《丘海會刊》（民國八十六年十二月二十八日改刊）。

　　近數十年來，海內外學者專家暨邦人士子，有關先賢海忠介公學術思想及懿德行誼之論著甚豐，爰就個人知見者，分書刊與論文兩大部分，列著於次，以供查考。

一、書刊部分

　　本書刊部分，包括：會刊、譜傳、小說、戲本、史料、碩士論文、彙輯七大項，分著如次，以供查考。

　　於文中，各書刊著錄款目，依次：書刊名（卷數）、著（編、輯）者、出版時地、叢書注、庋藏者、案語之序。

（一）、會　刊

《中國丘海學會成立特刊》　　中國丘海學會

　　民國六十七年（1978）九月　臺北市　中國丘海學會

　　2,40 面　有像圖表　27 公分（十六開本）

　　按「中國丘海學會」，以弘揚先賢學術氣節，維護民族文化，研究經世治平之學，激勵自強愛國精神為宗旨。

　　民國六十六年（1977）六月，吾瓊耆碩：文朝籍、吳迺憲、龔少俠、吉章簡、王萬福等四十餘人，倡議籌組「中國丘海學會」，並成立「籌備聯絡小組」，進行各項籌備事務。次年（1978）一月十五日，函報籌備結果，內政部 67.3.9 臺內社字第七八○四八四號函核准組議。

　　民國六十七年（1978）六月十一日詩人節，假臺北市廣東同鄉會三樓丘海堂隆重成立。同年（1978）七月二十日，奉內政部臺（67）內社字第七九八九九九號函核准立案，並頒發「中國丘海學會」證書及圖記。

《中國丘海學會會刊》　　中國丘海學會

　　民國六十八年（1979）九月十五日創刊　臺北市　中國丘海學會

　　3 冊　有像圖表　27 公分（十六開本）

　　本《中國丘海學會會刊》，計發行三期，其宗旨如次：

　　一、研究鄉先賢丘文莊公及海忠介公學術政治思想及治世功業，發揚中華文化傳統，促進精誠團結，自強愛國精神。

　　二、徵集海南文獻，研究海南開發史實，以闡明中原人口及文化南拓過程。

　　三、研究海南在中國歷史上地位及未來展望。

　　四、大陸匪情研究報導。

按「中國丘海學會」，於民國六十九年（1980）八月八日，奉內政部臺（69）內社字第四一一六號函核定，更名爲「中華民國丘海學會」。

《丘海季刊》　　中華民國丘海學會

民國七十年（1981）三月十日改刊　臺北市　中華民國丘海學會

48 期（冊）　有像圖表　27 公分（十六開本）

按「中華民國丘海學會」，原名「中國丘海學會」，於民國六十九年（1980）八月八日，奉內政部臺（69）內社字第四一一六號函核定更名，且由《中國丘海學會會刊》，暨《丘海學術研究彙編》合併，統一發行《丘海季刊》。

本《丘海季刊》，計發刊四十八期（冊），其內容計分：特載、轉載、專輯、學術研究、時事論述、匪情研判、藝文雜記、詩壇、會務報導等項。

《丘海會刊》　　中華民國丘海學會

民國八十六年（1997）十二月二十八日改刊　臺北市　中華民國丘海學會

冊　有彩圖及表　27 公分（十六開本）

本《丘海會刊》，原名《丘海季刊》，於民國八十六年（1997）十二月二十八日，更名《丘海會刊》（半年刊）。其主要內容，計分：特載、丘海研究、人物春秋、藝文動態、丘海吟壇等五大項。

（二）、譜　傳

《海忠介公年譜》二卷　　王國棟（改名：王國憲）輯

王國憲《民國 瓊山縣志》（卷十九・藝文志・史部）著錄，並載有王國憲〈海忠介公年譜跋〉略云：「……至公乞終養疏云"年五十有四"，告養病疏云"今年五十七"，以公生於正德八年計之，似少一歲。然古人以周歲爲年，公生十二月二十七日立春後，是爲正德九年，公自言爲得實。輯公年譜，以初生之時編次之，謹爲書明，以釋後疑。時宣統紀元冬月」。

　　清光緒三十二年（1906） 瓊山蘩經書院 刊本
　　　　　　臺灣：國立中央圖書館藏（善本書）
　　清稿本
　　黃蔭普《廣東文獻書目知見錄》（頁三二四）著錄：
　　《海忠介（瑞）年譜》
　　　　　　日本：京都大學人文科學研究所

《明史海瑞傳校注》 張德信著
　　一九八四年八月 西安市 陝西人民出版社
　　278 面 有像 21 公分
　　　　　　中國：海南師範學院圖書館：K827.48 ／ 01

《海 瑞》 蔣星煜
　　一九五七年九月 上海市 上海人民出版社 初版
　　一九六〇年一月 上海市 上海人民出版社 一三三面
　　　　　　中國：海南師範學院圖書館：11.810（人）／ 609
　　一九六二年二月 上海市 上海人民出版社 五版
　　133 面 21 公分（二十五開本）
　　　　　　日本：京大人文 東洋文化 東洋文庫（近代）

《海 瑞》 張德信著

一九八一年　西安市　陝西人民出版社

20 面　有像　21 公分（二十五開本）

　　　　　中國：海南師範學院圖書館：11.853（人）

《海　瑞》　　衛　孫著

一九八二年五月　銀川市　寧夏人民出版社

　面　有像　20 公分（二十五開本）

《海瑞評傳》　　丁寶蘭著

一九八五年一月　廣州市　廣東人民出版社

　面　有像　20 公分（二十五開本）

　　　　（嶺南歷代思想家評傳）

《海瑞傳》　　李韓林　　李新富合著

民國八十年（1991）七月　臺北市　國際文化事業公司

(8)，295 面　有圖表　19 公分（二十五開本）

　　　　（中國名人傳記　第八輯‧第二種）

《海瑞評傳》　　李錦全

一九九四年　南京市　南京大學出版社

《海　瑞》（長篇歷史傳記）　　熊良智

一九九七年九月　北京市　中國言實出版社

548 面　21 公分（二十五開本）

《鐵面冰心清官包拯與海瑞》　　黃燕生

二〇〇一年　臺北市　萬卷樓圖書公司

《清官崇拜談──從包拯到海瑞》　　于鐵立

二〇〇四年　濟南市　濟南出版社

《紅袍海瑞》　　章　翔

一九五八年　香港　　中華書局

《海瑞的故事》　　　吳　晗

　　　　一九五九年十二月　北京市　中華書局

　　　　36 面　19 公分（二十五開本）

　　　　　　（中國歷史小叢書）

　　　　　　　　日本：東洋文化研究所：2267 ／ 3512

《海瑞的故事》　　　蔣星煜

　　　　一九六三年　上海市　中國少年兒童出版社

　　　　126 面　有像　19 公分（二十五開本）

　　　　一九六五年　北京市　中國少年兒童出版社

　　　　　　　　中國：海南師範學院圖書館 11.810（人）／ 609

《皇上，我抬棺來了：清官海瑞》　　　酈　波

　　　　二〇一一年十一月　臺北市　知本家文化事業公司

　　　　269 面　21 公分

　　　　　　（大師說史 12）

（三）、小　説

《海公系列小説》　　　黃岩栢

　　　　一九九二年　瀋陽市　遼寧教育出版社

《全像海剛峰居官公案傳》四卷　　　明·李春芳撰

　　　　明萬曆三十四年（1606）　金陵萬卷樓刊

　　煥文堂重校印本

　　　　4 冊　有像　27 公分　線裝

　　　　又題名作《剛峰公案》（七十一回）

　　　　　　臺灣：國立中央圖書館（善本書）：687

《新刻全像海剛峰先生居官公案》　　　明·李春芳撰

民國七十四年（1985）五月　臺北市　天一出版社

　　　（明清善本小說叢刊初篇・三輯二函）　二冊

　案：國立政治大學古典小說研究中心主編

《海剛峰公案》

一九九〇年八月　北京市　中華書局

　　　（古本小說叢刊　第七輯）

《原本海公大紅袍傳》六十回　　明・李春芳編

清光緒四年（1878）　金陵萬卷樓刊本

　　　臺灣：中央研究院史語所：補 50

《海公大紅袍全傳》　　明・李春芳編

一九八四年　北京市　寶文堂書店

　　　中國：海南師範學院圖書館：11.242.4／57

《海公大紅袍全傳》　　明・李春芳

一九九三年　上海市　上海古籍出版社

《海公大紅袍全傳》　　冷時峻標點

民國八十四年（1995）一月　新北市　建宏出版社

　　　（古道系列：十大古典公案俠義小說　46）

《海公大紅袍全傳》　　清・無名氏

　　　楊同甫校注　　葉經柱校閱

民國八十七年（1988）四月　臺北市　三民書局

（9），399 面　21 公分

　　　（中國古典名著）

《新刊海公小紅袍全傳》四卷　　清・不著撰人

清道光十二年（1832）坊刊　巾箱本　四冊

案：本全傳四十二回，附：繡像。

　　　　　　　　臺灣：中央研究院史語所：補 39

　　清光緒二十七年（1901）石印本

　　民國二十七年（1938）　上海市　鴻文書局　鉛印本

　　　　臺灣：中央研究院史語所：補 39

　　　　中國：北京圖書館

《海公小紅袍全傳》　　明・李春芳

　　一九九三年　上海市　上海古籍出版社

《海公小紅袍全傳》　　冷時峻標點

　　民國八十四年（1995）一月　新北市　建宏出版社

　　（11），217 面　21 公分

　　　　　　（古道系列：十大古典公案俠義小說叢書　47）

《海公大紅袍　海公小紅袍合集》　　未著編輯人

　　未著出版年　臺北市　黎明出版社　鉛印本

　　一冊　19 公分（二十五開本）

　　內封題名：大小紅袍合集

　　　　（中國歷史通俗小說）

　　　　　　臺灣：臺北市　海南文獻史料研究室

《清官海瑞》　　范　穩

　　二〇〇〇年　臺北市　大有國際文化出版公司

（四）、戲　本

《海　瑞》　　黃浦京劇團集體創作

　　一九五九年　上海市　上海文藝出版社

　　　　　　中國：海南師範學院圖書館：10(8)(人)／212

《海瑞上疏》　　上海京劇院集體創作（許思言）

　　一九七九年　上海市　上海文藝出版社

中國：海南師範學院圖書館：10(8)(人)／211

《海瑞罷官》 吳 晗

一九六一年十一月 北京市 北京出版社

中國：海南師範學院圖書館：11.810(人)／609.2

民國五十五年（1966） 臺北市 自由青年社

民國五十六年（1967）七月 臺北市 名古屋 影印本

王會均《海南文獻資料簡介》（頁一一七）著錄：是劇本係采華書林，依據一九六一年十一月，北京出版社排印本影印（73）面。主要內容，計分：民情、審案、上任、見徐、母訓、斷案、求情、反攻、罷官等九幕。採用「借古調今」手法，攻擊當時大陸現實社會，藉資發洩對現實生活不滿情緒。

臺灣：國立中央圖書館臺灣分館藏

《海瑞回朝》（歷史古裝瓊戲） 潘先綱合編

一九八二年 廣州市 花城出版社

案：編入《廣東戲曲選》

本新編歷史古裝瓊戲，乃取材於府、縣志，暨《海氏族譜》與蔣星煜《海瑞》（片段），是深具地方特色的歷史古裝戲。清末民初，曾有同名劇本演出，原作者未詳。由名須生許坤章、梁鑾麒、吳桂連等演出此戲，頗負盛名。

一九五四年，老藝人吳桂連重新整理，由南強劇團排演，參加海南區戲曲會演，獲得好評。

一九五八年，楊嘉、石萍（潘先綱）、陳鶴亭執筆，李門、李秉義等參加創作，譔成此劇，並沿用傳統戲《海瑞回朝》劇目。一九五九年，廣東瓊劇院一團首演。范仁俊執導，王黃文扮演海瑞、陳華扮演陸元龍、紅梅扮演陸惠蘭、王廣花扮演海

　　夫人、林秋利扮演王宏誨、邱宏永扮演房寰、李麗珍扮演梁雲龍、王鳳梅扮演陸母、蘇慶雄扮演神宗皇帝，潘先統扮演房應斗。

　　一九六二年，田漢來瓊，觀賞演出，並指示修改劇本。一九八二年，重新修正後，編入《廣東戲曲選》，由廣州市、花城出版社刊行。

　　本《海瑞回朝》（傳統古裝戲），係寫海瑞罷官歸隱海南亙十六年，於萬曆年間，獲群臣舉薦，神宗重新起用。唯建陵總督房寰，為阻撓海瑞回朝任職，而誣奏海瑞已亡，請皇帝頒旨，派陸元龍赴瓊御祭。陸氏抵瓊，得悉海瑞仍健在，始醒悟房寰蓄意陷害，意在假手聖旨冤殺海瑞。為保忠賢，陸元龍棄旨不宣，自刎身亡。海瑞義憤填膺，赴京覲君，奏明真相。房寰終被嚴懲，海瑞亦復任都察院右都御史原職。

（五）、史　料

《海瑞資料選輯》　　蔣星煜
　　　　海南省　海口市圖書館藏資料
《關於海瑞的民族、年歲、子嗣及墓葬》　　蔣星煜
　　　　海口市圖書館藏資料
《拜謁海瑞墓》　　陳　濤　　閻根齊
　　　　海口市　南海出版公司（待刊）
《海瑞罷官及有關問題的辨證》　　中國人民大學
　　　　一九七〇年代　北京市　中國人民大學出版社
　　　　9 冊　有像圖表　20 公分（二十五開本）
　　　　　　中國：海南師範學院圖書館：11.810(人)╱ 609.3

《海瑞罷官與文革》　　劉耿生

　　二〇一〇年八月　臺北市　遠流出版公司

　　（15），358面　有圖　21公分

　　（實用歷史叢書）

　　　　　臺灣：臺北市·海南文獻史料研究室

《海瑞研究文獻史料綜錄》　　王會均

　　民國八十七年（1998）戊寅歲十月　臺北市　手稿本

　　乙冊（頁數複雜）　19.5×26.5公分（橫本）　毛裝

　　本《海瑞研究文獻史料綜錄》，具「個人書目」屬性，係從史學（傳記）理念，暨資訊科學（書目、索引）角度，特以明代第一廉吏～海瑞（忠介）公之治學理政之志業爲主題，就其相關文獻、史料，作系統化彙整與綜合性研究，俾有助於完整性的認知及思惟，以示追念，藉資告慰先賢在天英靈。

　　於文中，除綜論海瑞（忠介）公家世行誼外，其重要論旨在公之著作，暨後世之人（學者、專家）著述，以及於海內各刊物所發表，與海氏相關之學術研究論文，就其知見者，乃依：書（篇）名（卷數）、著者、出刊年（地）、刊名、卷期、頁次、案語（附註）之序，概作分類著述，以供學者專家，暨邦人士子查考。

　　　　　臺灣：臺北市·海南文獻史料研究室

《海瑞〈治安疏〉彙集》　　王會均輯

　　民國九十六年（2007）丁亥歲春三月　臺北市　海南文獻史料研究室　影裝本

　　乙冊（頁數複雜）　21公分（二十五開本）

　　本《海瑞〈治安疏〉彙集》，分由《欽定四庫全書》（史部

二〇三《御選明臣奏議》卷二七）、《綱鑑易知錄》（下册
《明鑑易知錄》卷九）、陳鶴《明紀》（卷九）、孫旬《皇明
疏鈔》（卷二五），影裝成集。

全集內容，計有：一、諫修齋建醮疏，二、海瑞諫服藥求長
生疏，三、直言天下第一事疏。並附錄二種如次：

一、海瑞〈治安疏〉（全文）

二、王會均〈海瑞「治安疏」彙考〉

臺灣：臺北市・海南文獻史料研究室

（六）、碩士論文

《「海公案」研究》　　廖鴻裕　　指導教授：王三慶

民國八十四年（1995）六月　文化大學　中國文學研究所
185 面　有表　27 公分

小說直至明代，由於政治、經濟、文學思想等因素，使小說
在此時大放異彩，公案小說亦不例外。明代公案小說，除散見
在各書中之短篇小說外，更出現一大批公案小說專集，諸如：
《百家公案》、《皇明諸司公案》、《廉明公案》，……而
《海公案》即其中之一。

本《海公案》，係明代清官海瑞爲判官貫穿全書，是篇論文
以《海公案》爲研究主題，除對小說的興趣外，亦因公案小說
之體裁較爲特別，然主要是因海瑞是個「古怪的模範官僚」人
物（黃仁宇《萬曆十五年》第五章）。

按《海公案》分四卷，係由七十一個案件組成。其故事概
分：奸情類（有二十一回）、劫盜類（十九回）、家庭糾紛類
（十四回）、誣陷類（八回）、其他（九回）等五大類。而破

案方法，係藉由超自然力量（鬼神的迷信思想），或是判官的智慧（人智技巧）。

臺灣：國家圖書館　820／036M 84-10

《海瑞故事研究》　　　曾淑卿　　　指導教授：陳錦釗

　　民國九十四年（2005）七月　政治大學　中國文學研究所（8），159 面　有像圖　27 公分

　　明代海瑞（1513～1587）氏，素有"南包公"、"海青天"讚譽，而與宋代包拯，同爲中國歷史上清官廉吏代表。海瑞一生剛直不阿。反對鄉愿，打擊貪污，不畏權勢，甚至敢於批評皇帝缺失，置生死於度外，故以「直言敢諫」著稱於世。其爲官清廉，不肯同流合污性格，使他無法被當時官僚們所認同，亦無法升遷較高職位，一展抱負。唯其廉政愛民，爲了減輕百姓疾苦，力行清丈田畝，貫徹「一條鞭法」，興利除弊，秉公執法，平反冤獄，爲人民盡心盡力，故深受人民愛戴。

　　海瑞高風亮節的操守令人景仰，其義行事蹟廣爲人民所傳誦，亦成爲民間小說和戲曲等作家的創作題材，被後人渲染鋪衍，流播演唱，而剛毅正直形象，深深植入平民百姓內心，人們以他當作正義象徵，津津樂道其審案故事。海瑞故事發展，一直綿延至今，歷經明、清兩代，並延續至民國以來，其表現形式，亦呈現出多元化──小說、戲劇，暨曲藝方面，都有豐富的創作。從作品出版快速，流傳廣遠的情況，在在都讓人們瞭解到"海瑞故事"，受到人民歡迎的程度。

　　本文以海瑞故事所表現的形式爲綱，概分三大部分，著述如次：

　　一、小說部分：包括《海剛峰先生居官公案》、《海公大紅

袍全傳》、《海公小紅袍全傳》、《清官海瑞》。

　　二、戲劇部分：又分四類，諸如：

　　　　㈠傳奇有《吉慶圖》、《朝陽鳳》、《忠義烈》。

　　　　㈡亂彈有《五彩輿》、《德政坊》、《朝金頂》、《打差
　　　　　算糧》。

　　　　㈢京劇有《海瑞上疏》、《海瑞罷官》。

　　　　㈣電視劇《海瑞鬥嚴嵩》、《海瑞》。

　　三、曲藝部分：又分二類目，如次：

　　　　㈠福州評話，有《大紅袍》、《打嚴嵩》、《一捧雪》。

　　　　㈡潮州歌冊，有《新造賜綠袍全歌》、《新造陰陽雙寶扇
　　　　　全歌》、《新造秦雪梅全歌》。

（七）、合　輯

《丘海里墓記》四卷　　陳　沅輯

　　　　民國二十五年（1936）自序　鈔本　一冊

　　　　　　（韻古樓叢書・第四種）

　　　　案：係指丘濬（文莊）、海瑞（忠介）二公。

　　　　　　日本：東大　東洋文化研究所

《丘濬、海瑞在海南的故事》　　黎國器

　　　　一九九二年　廣州市　中山大學出版社　第一版

　　　　面　有像圖　20公分（二十五開本）

《丘海學術研究彙編》　　中國丘海學會

　　　　3冊　有像圖表　27公分（十六開本）

　　　本《丘海學術研究彙編》，乃「中國丘海學會」刊物，計發
行三集。於刊行年度不同，頁數亦異，依年次之序，分著於

次，以供查考。

　　第一集：民國六十七年（1978）十月一日　一五二面

　　第二集：民國六十八年（1979）十月十日　　九一面

　　第三集：民國六十九年（1980）六月十一日　一一七面

　　按「中國丘海學會」，於民國六十九年（1980）八月八日，奉內政部臺（69）內社字第四一一六號函核定，更名為「中華民國丘海學會」。

《丘海學術研究論文集》　　中華民國丘海學會

　　民國七十三年（1984）六月　臺北市　中華民國丘海學會

　　179 面　有像圖表　27 公分（十六開本）

　　本《丘海學術研究論文集》（第一輯），主要內容，除序及編後語外，有關研究丘海兩公學術思想氣節行事，暨明代之政治與文教等有密切關係之論文，計四十一篇（內有轉載四篇）。其與海瑞相關者，有十二篇·

《丘文莊、海忠介二公誕辰紀念》　　桃園縣詩學研究會

　　民國八十二年（1993）八月二十日　桃園市　桃園縣詩學研究會

　　18 頁（36 面）　有彩像及圖　27 公分（十六開本）

　　本《丘文莊、海忠介二公誕辰紀念》，內容包括：丘文莊（濬）、海忠介（瑞）二公簡介、嶺南詩壇：〈弔少傅丘文莊墓〉、〈弔宮保海忠介公墓〉、〈讀海忠介公平草因為轉上當道〉、〈弔海瑞〉、〈先賢丘文莊公五五七年誕辰紀念〉、〈先賢海忠介公四三七年誕辰紀念〉六首，丘海二公誕辰紀念題詞：八則，題詩：五十二首。

《丘濬海瑞學術研討會論文選集》　　李養國主編

海南省文化歷史研究會　一九九八年十一月　香港　東西文化事業公司

437 面　有彩像及圖表　21 公分（二十五開本）

按「丘濬海瑞學術研討會」，於一九九七年十二月十三日至十七日，假海口市「海南大學邵逸夫學術中心」舉行。邀請出席學者專家八十餘人，計有：新嘉坡一人、臺灣二人、香港一人，餘為中國（內地及本地）人士。

本《丘濬海瑞學術研討會論文選集》，計選輯論文四十六篇，內收海瑞相關論文十六篇，附錄：祭海公文。

《丘濬海瑞評介集》　　朱逸輝主編

二〇〇四年六月　海口市　海南出版社　第一版

(15),848 面　有像圖表　21 公分（二十五開本）　精裝
（海南歷史文化名人選集）

本《丘濬海瑞評介集》（精裝本），係由「海南省詩書畫家聯誼會」編輯（主編：朱逸輝，編委：王　舜、張昌禮、何文生）。乃以研究與發揚海南先賢丘濬、海瑞之學術思想、品行氣節，重塑海南人文形象為宗旨。

按《丘濬海瑞評介集》，係從近代海內外學者研究丘海二公生平業績、學術思想、氣節行事論著中，精選一百篇彙輯成集。其重要內容，除冠丘海公畫像、題辭、序跋，暨附錄：十七種外，計分：第一輯：丘濬評介文薈六十五篇，第二輯：海瑞評介文薈三十五篇。

此外，據悉尚有相關「海瑞」的文學作品，散見於各叢刊，僅分類著目於次，以供方家查考。

一、小　說：《海剛峰先生居官公案》、《海公大紅袍》、

《海公小紅袍》、《清官海瑞》。

二、傳　奇：《古慶圖》、《朝陽鳳》、《忠義烈》、《十美
　　　圖》。

三、平　劇：於《海瑞上疏》（周信芳）、《海瑞罷官》（吳
　　　晗）外，其《海瑞大紅袍全傳》，未見其本，尚待方家
　　　查考。

四、地方劇：《九龍廳》（和戲）、《五彩輿》、《德政
　　　坊》、《梁鳴鳳》、《海瑞算糧》（溫州亂彈）。

五、海南戲：乃海南地方戲曲，係用海南方言（俗稱：海南
　　　話，屬閩南語系，臺灣稱福佬語系）演唱，俗稱：海南
　　　土戲。瓊山、海口，稱：齋。清末、民初，又稱：海南
　　　戲。海外瓊裔僑胞，多稱：瓊州戲，或曰：瓊音。於今
　　　海南各地，通稱「瓊劇」。於傳統古裝戲中，與海瑞相
　　　關者，分別著述如次，以供方家查考。

《十四字令》，又名：《草寮成親》

　　係清末藝人楊祚興編著（主演），嘉樂班首演，二十世紀
二、三十年代，甚為流行。戲本佚傳

《歷城除暴》（古裝戲）

　　本戲取材於《海瑞大紅袍》，原作者佚名，在清代已上演。
一九五七年，根據老藝人吳桂連口述，蔡興洲、陳推彙整，更
名《水牢案》，廣東瓊劇團（今名：海南省瓊劇院）首演。導
演：范仁俊，作曲：陳培英、何名科，海瑞：王黃文。戲本存
海南省瓊劇院

《生死牌》（古裝戲）

　　一九六〇年，鍾開浩移植，瓊海縣瓊劇團演出。於一九八〇

年，由王宗祥移植演出：人偶戲。

《海瑞馴虎》（古裝戲）

一九八一年，由王白琚、陳之也移植，廣東瓊劇院青年團演出。人偶戲由王宗祥移植，臨高縣木偶劇團演出。

《海瑞罷官》（古裝戲）

原作：吳晗，由鍾開浩移植，於一九五八年上演。

《海瑞回朝》（古裝戲）

原作：佚名，於清末民初，曾有同名戲目上演。著名須生：許坤章、梁鑾麒、吳桂連演出，頗負盛名。

一九五四年，老藝人吳桂連、梁振杰重新整理，由南強劇團排演，參加“海南區戲曲會演”，深獲好評。並榮獲「劇目獎」、「表演獎」（吳桂連演海瑞）、「演奏獎」（南強劇團樂隊）。

一九五八年，楊嘉、石萍、陳鶴亭執筆，李門、李秉義等參與創作，編著成今劇，並沿用傳統戲《海瑞回朝》劇目。

本劇取材於《瓊州府志》、《瓊山縣志》、《海氏族譜》，暨蔣星煜《海瑞》書中片段，係一出殊具地方特色的新編歷史（傳統古裝）戲。

廣東瓊劇院一團（王黃文副院長兼團長）演出，頗負盛名。劇中人及扮演者，如次：

海　瑞：王黃文　　　陸元龍：吳孔壽
海夫人：吳金梅　　　海　安：潘先統
海　雄：符興民

六、彈　詞：《福壽大紅袍》、《說唱海公奇案》。

七、電　影：《海瑞罵皇帝》

二、論文部分

　　本論文部分，收自海內外各期刊、報紙，獲得相關資料，概作分類，於文中各篇著錄款目，依次：篇名、著（編、輯）者、出刊時地、刊名、卷期、頁次、案語之序，分目著述於次，以供方家查考。

（一）、書　目

〈海瑞的著作考〉　　遙　白

　　民國五十六年（1967）三月一日　香港　《華僑日報》

〈海瑞著作與海瑞研究論著書目〉　　海資輯錄

　　一九九二年六月二十日　海口市　《海南史志》　總第九期（1992／2）　頁五五～六二

〈海峽兩岸對明代海瑞研究論著目錄彙編〉　　韓介光

　　民國八十二年（1993）十二月三十一日　臺北市　《丘海季刊》　第三十七期　頁三〇～三八轉四四

〈海瑞「治安疏」彙考〉　　王會均

　　民國九十七年（2008）十月　臺北市　《廣東文獻》（季刊）三六卷四期　頁一五～二三

　　民國一〇二年（2013）一月　臺北市　《丘海會刊》第十五期　頁四四～五二

（二）、會　社

〈丘海學會之現代意義〉　　鄭心雄

　　　　民國七十五年（1986）十二月　臺北市　《丘海季刊》
十六期　頁三～四

〈中國丘海學會章程〉
　　　　民國六十七年（1978）十月一日　臺北市　《中國丘海學
會成立特刊》　頁三八～四〇

〈中華民國丘海學會章程〉
　　　　民國六十九年（1980）十月十日　臺北市　《中華民國丘
海學會會刊》　三期　頁四二～四四

〈中華民國丘海學會章程〉（修正本）
　　　　民國七十四年（1985）十月十五日　臺北市　《丘海季
刊》　十二期　頁五六～五八
　　　案：中華民國七十四年七月七日第三屆第二次會員大會修
　　　　　正，內政部（74）臺內社字第三三八七〇七號、第三
　　　　　四三七八九號函准予備查在卷。

〈本會九年來的丘海學術研究〉　　鄭　光
　　　　民國七十六年（1987）十月十日　臺北市　《丘海季刊》
十九期　頁四三～四九

〈丘海學會十年來學術研究的成果〉　　鄭澤光
　　　　民國七十七年（1988）七月十五日　臺北市　《丘海季
刊》　二十一期　頁一三～一八

〈中國丘海學會成立十週年紀念的展望〉　　顏大豪
　　　　民國七十七年（1988）七月十五日　臺北市　《丘海季
刊》　二十一期　頁一一～一二

〈籌組「丘海學會」與「求知讀書社」的回憶〉　　王萬福
　　　　民國八十七年（1998）十二月二十七日　臺北市　《丘海

會刊》（創會廿週年紀念特輯）　第三期　頁一四～一六

〈祝丘海學會歡渡廿歲生日〉　　黎德劭

　　民國八十七年（1998）十二月二十七日　臺北市　《丘海
會刊》（創會廿週年紀念特輯）　第三期　頁一七～一八

〈慶祝丘海學會創立廿周年〉　　顏大豪

　　民國八十七年（1998）十二月二十七日　臺北市　《丘海
會刊》（創會廿週年紀念特輯）　第三期　頁一九～二三

〈研究丘海先賢學術的我見〉　　王興超

　　民國六十八年（1979）九月十五日　臺北市　《中國丘海
學會會刊》　一期　頁一一～一三

〈研究丘海學術的我見〉　　黃守漢

　　民國六十九年（1980）六月十一日　臺北市　《丘海學術
研究彙編》　第三輯　頁一〇五～一〇九

〈研究丘海學術應與現代精神相配合〉　　吉章簡

　　民國七十二年（1983）七月二十二日　臺北市　《丘海季
刊》　八期　頁一

〈丘海精神·萬古常新〉　　何定之

　　民國六十九年（1980）二月十三日　臺北市　《中國丘海
學會會刊》　二期　頁一七～一九

　　民國六十九年（1980）十月十日　臺北市　《中國丘海學
會會刊》　三期　頁一一～一四（海公偉大的勛業）

〈創會同仁追思的意義〉　　王泊生（本名：王萬福）

　　民國八十三年（1994）十一月二十日　臺北市　《丘海季
刊》　三十九、四十期（合刊）　頁二

　　案：係指「中華民國丘海學會」而言

〈丘海學會創會同仁追思錄序〉　　陳光華

民國八十四年（1995）三月二十五日　臺北市　《丘海季刊》　四十一期　頁三三～三四

〈丘濬海瑞學術研討會紀要〉　　王會均

民國八十七年（1998）七月三十一日　臺北市　《丘海會刊》　第二期　頁三六～三八

（三）、民　族

〈海瑞族籍辨析〉　　符國華　梁振效

二〇〇四年六月　《海口文史資料》　第十七輯

〈海瑞是否回族〉　　佩　之

一九五九年十一月二十六日　北京市　《光明日報》

〈論「平黎疏」及其他〉　　杰　鋒

一九六六年一月二十五日　香港　《文匯報》

〈明嘉靖年間那燕領導的崖州黎族起義〉　　岑家梧

～兼看海瑞「平黎疏」的反動本質～

一九六六年　河南　鄭州市　《史學月刊》　二期

〈淺談海瑞和他的“治黎策”〉　　卓煥雄

案：收在《海南黎族苗族自治州民族研究》（第二冊），民族研究所，一九八五年版。

〈略析海瑞的“治黎”思想〉　　黃明釗

案：收在《海南黎族苗族自治州民族研究》（第二冊）

〈論海瑞的治黎主張〉　　孫有康

案：收在《民族研究論文選》（廣東民族學院一九八八年一月版）

〈海瑞撫黎的基本策略〉　　　陳家傳

　　一九九三年五月十八日　海口市　《海南史志》　總第十
三期（1993 ／ 2）　頁四三～四四

　　案：邢益森《海南鄉情攬勝》（寶島風姿錄・續集二・頁
　　一八〇～一八四）收錄

〈試談海瑞的"治黎"策論〉　　　胡茂松

　　一九九三年十一月十三日　海口市　《海南史志》　總第
十五期（1993 ／ 4）　頁四八～五一

〈海瑞民族思想蠡測〉　　　黃君萍

　　一九八八年　廣州市　《廣東民族學院學報》　第二期

〈海瑞治黎思想及其影響〉　　　程昭星

　　案：收在《丘濬海瑞學術研討會論文選集》（頁三五七～
　　三七〇），暨《丘濬海瑞評介集》（第二輯）。

（四）、農　經

〈海瑞決不是農民的救星〉　　　陳顯泗

　　一九六五年一月一日　河南省　《鄭州大學學報》　二期

〈海瑞是站在農民一邊嗎？～與吳晗同志商榷〉　　　馬絡冰

　　一九六五年十二月二十三日　北京市　《北京日報》

〈海瑞斷案站在地主一邊〉　　　李必忠等

　　一九六六年一月二十五日　香港　《文匯報》

〈海瑞修治吳淞江的眞相〉　　　施隸華

　　一九六六年　上海市　《學術月刊》　一期

〈封建國家的官只能是地主階級專政的工具〉　　　張晉藩

　　一九六六年　北京市　《政法研究》　一期

〈海瑞實施退田和修吳淞江的階級實質〉　　韓連琪

　　一九六六年　濟南市　《文史哲》　一期

〈海瑞爲地主階級興修水利〉　　史　澍

　　一九六六年二月二十六日　天津市　《天津日報》

〈封建王法能保護農民利益〉　　湯宗舜

　　一九六六年三月十一日　西安市　《陝西日報》

〈「海青天」是怎樣被地主階級吹捧出來的？〉　　施隸華

　　一九六六年三月十五日　上海市　《解放日報》

〈爲什麼吹捧海瑞修治吳淞江？〉　　顏　恢

　　一九六六年三月二十五日　香港　《文匯報》

〈「清官」有利於生產發展嗎？〉　　張卓非等

　　　～從吳淞江、白茆河的興修看海瑞～

　　一九六六年三月二十八日　北京市　《光明日報》

〈海瑞是鎮壓農民的劊子手〉（興國調查）

　　　　　江西省社聯調查組

　　一九六六年三月二十九日　香港　《文匯報》

　　一九六六年四月十日　南昌市　《江西日報》

〈海瑞「丈田」、「退田」的眞相〉　　宮毅高

　　一九六六年四月九日　天津市　《天津日報》

〈海瑞不是人民的「救星」而是鎮壓農民革命的凶手〉

　　　　周　駿

　　一九六六年四月十六日　武昌市　《湖北日報》

〈海瑞整治吳淞江的歷史功績不容姚文元否定〉　　周維衍

　　一九七九年　上海市　《學術月刊》　一期（復刊）

〈海瑞重農思想初探〉　　吳申元

一九八三年　北京市　《中國農史》　一期

（五）、政　法

〈海瑞得到人民群眾擁護的主要原因〉　　蔣星煜

　　一九六五年十二月十三日　香港　《文匯報》

〈談海瑞「愛民如子」〉　　謝天佑

　　一九六五年十二月十五日　北京市　《人民日報》

〈海瑞讓步使人民得益〉　　朱相黑

　　一九六五年十二月二十八日　香港　《文匯報》

〈海瑞一生果眞是「處處事事爲百姓設想嗎？」〉　　魏建猷

　　一九六五年　上海市　《學術月刊》　十二期

〈爲什麼掩蓋海瑞對人民「用兵殺伐」這一手？〉　　黃衍伯

　　一九六六年一月十七日　瀋陽市　《遼寧日報》

《海瑞深得民心》　　鄭心平

　　一九六六年一月二十五日　香港　《文匯報》

〈應當肯定對人民有利的一面〉　　馬中寧

　　一九六六年一月二十八日　香港　《文匯報》

〈從海瑞的「愛民」、「剛直不阿」看「清官」的階級本質〉

　　高　恒　一九六六年　北京市　《政法研究》　一期

〈海瑞愛什麼「民」？〉　　柳明瑞等

　　一九六六年二月十日　北京市　《人民日報》

〈忠君與「愛民」豈能結合！〉　　承　祿

　　一九六六年三月十五日　上海市　《解放日報》

〈「仁民愛物」是欺騙口號〉　　張新奎

　　一九六六年三月十七日　香港　《文匯報》

〈美化了封建統治階級〉　　蔡文錦

　　一九六五年十二月二十五日　北京市　《人民日報》

〈用封建王法掩蓋了階級矛盾〉　　師文烈

　　一九六五年十二月二十五日　北京市　《人民日報》

〈蘇松地區階級鬥爭的歷史不容歪曲〉　　蔡少卿

　　一九六六年二月十八日　香港　《文匯報》

〈「海瑞」是什麼階級的典型？〉　　趙家德

　　一九六六年二月二十日　北京市　《北京日報》

〈從階級鬥爭看海瑞〉　　董家遵

　　一九六六年　廣州市　《學術研究》　二期

〈海瑞是適應那個階級的需要而出現的〉　　林乃燊

　　一九六六年三月十五日　廣州市　《羊城晚報》

〈海瑞為誰鬥爭了一生～談海瑞的階級立場〉　　李修國等

　　一九六六年三月二十七日　瀋陽市　《遼寧日報》

〈海瑞為誰效肱股之力〉　　蘇瑞海

　　一九六五年十二月十五日　北京市　《人民日報》

〈改良乎？革命乎？〉　　王　澈

　　一九六五年十二月二十五日　北京市　《人民日報》

〈海瑞實行了讓步的改良〉　　張延舉

　　一九六六年一月二十六日　北京市　《人民日報》

〈是吸血鬼不是「海青天」〉　　陳建龍

　　一九六六年三月三十一日　北京市　《中國青年報》

〈「青天大老爺」是牛鬼蛇神〉　　羅顯卿

　　一九六六年四月十二日　北京市　《人民日報》

〈論「王法」〉　　白壽彝　何茲全等

　　　一九六六年　北京市　《歷史研究》　一期

〈海瑞執行的王法究竟是什麼樣的法〉　　張晉藩

　　　一九六六年二月四日　香港　《文匯報》

〈從「抑制豪強」看海瑞執法的實質〉　　曾炳鈞

　　　一九六六年二月二十五日　香港　《文匯報》

〈海瑞唯求合法　不恤流俗的精神〉　　葉顯恩　邢寒冬

　　案：收在《丘濬海瑞學術研討會論文選集》（頁三二九～
　　　　三三八），暨《丘濬海瑞評介集》（第二輯‧頁七一
　　　　二～七二〇）

　　　一九九九年　廣州市　《廣東社會科學》　第一期　頁八
七～九二

〈政治制度中的角色衝突：海瑞及其命運的再思考〉

　　　蔡蘇龍　二〇〇二年二月　《松遼學刊》（人文社會科學
版）　第一期　頁五一～五四

〈發揚海瑞精神　大力反腐倡廉〉　　張　緯

　　案：收在《丘濬海瑞學術研討會論文選集》（頁四〇四～
　　　　四〇九），暨《丘濬海瑞評介集》（第二輯‧頁七六
　　　　六～七七一）

〈弘揚海瑞精神　創建廉明社會〉　　程儒參

　　案：收在《丘濬海瑞學術研討會論文選集》（頁四一〇～
　　　　四一四）

〈談海瑞與一條鞭法〉　　梁方仲

　　　一九六六年　廣州市　《學術研究》　二期

〈海瑞的一條鞭法對誰有利〉　　陳匡時等

　　　一九六六年三月十五日　香港　《文匯報》

〈海瑞論爲官之道〉　　張昌禮

一九九六年十一月二十六日　海口市　《海南史志》　總第二十七期（1996／4）　頁七八

〈贊賞「用人唯才」的用心何在？〉　　學　箭

一九六五年十二月二十七日　北京市　《光明日報》

〈海瑞「拿辦」胡宗憲的兒子值得吹捧〉　　崔文印

一九六六年一月十二日　北京市　《北京日報》

〈海瑞是我們專政的對象〉　　薛忠厚

一九六六年　北京市　《北京文藝》　一期

〈試論海瑞的「平冤獄」〉　　史　群

一九六六年三月二十九日　北京市　《人民日報》

〈淺論海公從政之道及其力行準據〉　　陳鎮亞

民國七十四年（1985）三月二十九日　臺北市　《丘海季刊》　十、十一期（合刊）　頁二〇~二二

〈關於海瑞的治蘇政績〉　　陳希光

一九八一年　蘇州市　《江蘇師院學報》　二期

〈談海瑞「督撫條約」的卓見及其作爲〉　　黎德劭

民國七十四年（1985）十月五日　臺北市　《丘海季刊》　十二期　頁三一~三二

〈先賢海瑞督撫蘇常十府的建樹〉　　黎德劭

民國八十三年（1994）元月二十日　臺北市　《海南文獻》　第二〇期（革新版第二期）　頁三五~三八

〈海瑞在興國改革概況〉　　黃君萍

一九八三年　廣州市　《廣東民族院學報》　第二期

〈明代回族政治家海瑞治興業績述評〉

〈《海瑞罵皇帝》和《海瑞罷官》是反黨反社會主義的兩株大
　　毒草〉
　　　一九六六年四月五日　北京市　《人民日報》
〈評新編歷史劇《海瑞罷官》〉　　姚文元
　　　一九六五年十二月　北京市　《歷史研究》　一九六五：
　　六期　頁一～一四
〈海瑞與《海瑞罷官》〉　　林丙義
　　　一九六五年十二月三日　香港　《文匯報》
〈《海瑞罷官》的主題是什麼？〉　　唐　眞
　　　一九六五年十二月十五日　香港　《文匯報》
〈試論海瑞和《海瑞罷官》〉　　郝昺衡
　　　一九六五年十二月二十日　香港　《文匯報》
〈關於《海瑞罷官》的自我批評〉　　吳　晗
　　　一九六五年十二月二十一日　香港　《文匯報》
　　　一九六五年十二月三十日　北京市　《光明日報》
〈《海瑞罷官》代表一種什麼社會思潮〉　　方　求
　　　一九六五年十二月三十日　北京市　《光明日報》
　　　一九六五年十二月　北京市　《新建設》　一九六五：十
　　一‧十二期（合刊）　頁二～一三
〈《海瑞罷官》引起的話〉　　毛一波
　　　民國五十五年（1966）　臺北市　《暢流》　三十三卷十
　　二期　頁四～五
〈對批評《海瑞罷官》的幾點異議〉　　時漢人
　　　一九六六年二月十日　北京市　《人民日報》
〈從《海瑞罷官》幾個稿本的比較看它的反動本質〉　　楊金亭

一九六六年四月十二日　北京市　《人民日報》

〈重新評價「海瑞罷官」〉　　俞爲民

一九七九年二月二日　香港　《文匯報》

〈李春芳編次《精忠傳》、《海剛峰居官公案傳》質疑〉
　　　　陳君謀

一九八四年　上海市　《華東師範大學學報》　第一期

〈從海忠介思想談共匪禁演《海瑞罷官》劇〉　　陳鎮亞

民國七十三年（1984）六月一日　臺北市　《丘海學術研究論文集》　第一輯　頁一六一～一六三

〈由海瑞罷官到河殤事件〉　　張枝鮮

民國七十七年（1988）十二月五日　高雄市　《臺灣新聞報》　六版（上）

民國七十七年（1988）十二月十二日　高雄市　《臺灣新聞報》　六版（下）

〈文革卅週年：海瑞罷官說從頭〉　　王兆軍

一九九五年十二月　《明報月刊》　三〇卷十二期　頁三〇～四二

〈《海瑞罷官》始末〉　　袁韻宜

一九九六年一月　《北京黨史研究》　九六期　頁二四～九七

〈《海瑞罷官》與文革冤案〉　　林　岷
案：未見刊版

〈《海瑞罷官》與海瑞評價問題〉

一九六六年　鄭州市　《史學月刊》　一期

〈筆談《海瑞罷官》與海瑞評價問題座談紀要〉（河南史學界

討論）　　施予新（整理）

　　一九六六年　鄭州市　《史學月刊》　一期

〈關於海瑞評價的幾個問題～與吳晗同志商榷〉　　趙　冰

　　一九六六年　鄭州市　《史學月刊》　一期

〈從清官談到海瑞的評價問題〉　　劉序琦

　　一九六六年　廣東省　廣州市　《學術研究》　一期

〈應該正確評價海瑞〉　　林　樞

　　一九六六年二月三日　北京市　《光明日報》

〈關於海瑞的評價〉　　李　旭

　　一九六六年二月四日　香港　《文匯報》

〈對評價海瑞和歷史人物的幾點不同意見〉　　喬社會等

　　一九六六年三月十一日　西安市　《陝西日報》

〈談海瑞的升官、罷官與東山再起〉　　卞思才等

　　一九六六年　廣東省　廣州市　《學術研究》　一期

〈論歷史上流傳的海瑞形象和吳晗同志筆下的海瑞形象〉

　　　　　黎　濱

　　一九六六年　廣東省　廣州市　《學術研究》　一期

〈海瑞傳統形象的反動實質〉　　王水明

　　一九六六年三月二十七日　北京市　《光明日報》

〈「海青天」是吳晗假造出來的〉　　龍　余等

　　一九六六年四月十七日　上海市　《解放日報》

〈吳晗吹捧「海瑞」究竟是宣揚什麼人？〉　　希　聞

　　一九六六年四月十八日　北京市　《解放軍報》

〈從海瑞研究看吳晗同志的歷史觀〉　　戴　逸　文　海

　　一九六五年十二月　北京市　《新建設》　一九六五：十

一、十二期（合刊）　頁一四～二四

〈吳晗是怎樣一個人〉　　何大爲

　　民國五十五年（1966）　臺北市　《藝文誌》　十一期
頁二九

〈評價海瑞的根本分歧〉　　張兆麟

　　一九六五年十二月　北京市　《歷史研究》　一九六五／
六期　頁一五～三〇

〈論海瑞〉　　吳　晗

　　一九五九年九月二十一日　北京市　《人民日報》

　　一九六五年十二月十一日　香港　《文匯報》

　　朱逸輝《丘濬海瑞評介集》（第二輯・頁五七四～五九
二）收錄

〈關於〈論海瑞〉一文中存在的幾個關鍵問題〉　　李　民

　　一九六五年一月一日　河南省　《鄭州大學學報》　二期

〈論海瑞的評價不宜過高〉　　張家駒

　　一九六五年十二月三日　香港　《文匯報》

〈從〈論海瑞〉一文看真假海瑞〉　　孫如琦等

　　一九六五年十二月十七日　北京市　《光明日報》

〈評吳晗同志的「論海瑞」〉　　鄧廣銘

　　一九六五年十二月二十九日　北京市　《光明日報》（史
學三二二）

〈「論海瑞」的錯誤僅僅是思想方法上的片面性嗎？〉
　　　　　　　　　戈　鋒

　　一九六五年十二月三十一日　北京市　《北京日報》

〈北京師範大學文科師生討論有關海瑞等問題〉

　　　　一九六五年十二月九日　北京市　《北京日報》

〈河北北京師範學院歷史系師生對海瑞的歷史等問題展開討
　　論〉

　　　　一九六五年十二月九日　北京市　《北京日報》

〈海瑞是不是「笑面虎」〉〈北京師院中文系部分學生討論海
　　瑞的評價問題〉

　　　　一九六五年十二月十二日　北京市　《北京日報》

〈我對海瑞問題討論的兩點建議〉　　林又青

　　　　一九六五年十二月十三日　北京市　《北京日報》

〈幾個問題〉　王金祥

　　　　一九六五年十二月二十八日　香港　《文匯報》

〈「知行合一」說幫不了美化海瑞的忙〉　　楊壽堪

　　　　一九六五年十二月三十一日　北京市　《光明日報》

〈究竟爲什麼要歌頌海瑞〉　　曾慶瑞

　　　　一九六六年一月四日　北京市　《北京日報》

〈略談討論海瑞問題中的一種傾向〉　　古　木

　　　　一九六六年一月十一日　北京市　《光明日報》

〈由假海瑞談到眞海瑞〉　　商鴻逵

　　　　一九六六年一月十一日　香港　《文匯報》

〈海瑞形象是怎樣膨脹起來的〉　　郁　連

　　　　一九六六年一月十二日　北京市　《北京日報》

〈論肯定與讚揚〉　華　山

　　　　一九六六年一月十二日　香港　《文匯報》

〈對海瑞應當又批判又肯定〉　　沈　志

　　　　一九六六年一月十四日　香港　《文匯報》

〈我不以爲海瑞一無是處〉　　王秋實

　　一九六六年一月十八日　香港　《文匯報》

〈海瑞就是「這一個」海瑞〉　　志　毅

　　一九六六年　北京市　《北京文藝》　一期

〈這需要認眞對待〉　　孟克勤

　　一九六六年　北京市　《北京文藝》　一期

〈究竟爲什麼要歌頌海瑞〉　　華向陽

　　一九六六年二月十四日　北京市　《新華日報》

〈對海瑞也要一分爲二〉　　宗　輿

　　一九六六年二月二十日　北京市　《北京日報》

〈對海瑞不能全盤否定〉　　史　謙

　　一九六六年二月二十一日　北京市　《北京日報》

〈不應該否定海瑞〉　　李東森

　　一九六六年二月二十八日　北京市　《人民日報》

〈海瑞值得歌頌嗎？〉　　蔡忠讓

　　一九六六年　遼寧省　《鴨綠江》　三期

〈論海瑞〉　　沈慶生等

　　一九七八年　成都市　《四川師院學報》　四期

〈評海瑞〉　　鄧中綿

　　一九八〇年　黑龍江省　哈爾濱市　《求是學刊》　一期

〈從海瑞談起〉

　　一九五九年六月二十六日　天津市　《天津日報》

〈談明代清官海瑞〉　　吳乾衍

　　泰佛曆二五二三年　曼谷　《泰國海南會館卅四週年紀念特刊》　頁一四～一六

〈浩然正氣　廉潔可風〉　　吳熙釗　馮達文
　　　～海瑞的勤政安民思想
　　朱逸輝《丘濬海瑞評介集》（第二輯・頁六五一～六五
　　六）

〈逢龍截角　遇虎敲牙〉（談先賢海瑞）　　朱楨華
　　案：朱逸輝《丘濬海瑞評介集》（第二輯・頁六五七～
　　　　六六○）收錄

〈學習海瑞堅持真理〉（讀者來信）　　汪秋全
　　　一九五九年六月十一日　香港　《文匯報》
　　　一九六五年十二月十三日　香港　《文匯報》

〈能不能學習海瑞的「剛正不阿」〉　　王卓信
　　　一九六五年十二月十三日　北京市　《北京日報》

〈向海瑞學習的目的何在？〉　　王宏生
　　　一九六五年十二月十三日　香港　《文匯報》

〈海瑞有值得學習的地方〉　　李　華等
　　　一九六五年十二月二十三日　香港　《文匯報》

〈從「養雞取蛋」談起〉　　馮　穎
　　　一九六六年一月二十五日　香港　《文匯報》

〈海瑞的「鬥爭精神」學不得〉　　張成德
　　　一九六六年一月二十八日　香港　《文匯報》

〈應當怎樣分析封建社會的矛盾〉　　程　式
　　　一九六六年二月九日　北京市　《光明日報》

〈海瑞剛正不阿　苦節自礪的精神〉　　符國華　盛志超
　　案：邢益森《海南鄉情攬勝》（寶島風姿錄・續集二・頁
　　　　一七○～一八○）收錄

〈略論海瑞剛正不阿和苦節自礪的精神〉　　符國華
　　　案：收在《丘濬海瑞學術研討會論文選集》（頁四一五～
　　　四三〇）

〈海瑞「剛直不阿」的反動性〉　　韋格明
　　　一九六六年二月八日　香港　《文匯報》

〈海剛峰的「剛」是些什麼東西〉　　魯師平
　　　一九六六年二月二十日　北京市　《北京日報》

〈談海忠介公的「剛」與「忠」〉　　阮中歧
　　　民國七十一年（1982）九月二十五日　臺北市　《丘海季
　　　刊》　五、六期（合刊）　頁五三～五四

〈弘揚先賢海瑞興革勳績匡正世道人心〉　　黎德劭
　　　民國七十一年（1982）三月二十九日　臺北市　《丘海季
　　　刊》　四期　頁二七

〈從海瑞到高新武〉　　喬　朗
　　　民國七十八年（1989）三月一日　臺北市　《歷史》（月
　　　刊）　十四期　頁四～五

〈海忠介公歷史在現實中的意義〉　　劉祿成
　　　民國八十九年（2000）十二月二十七日　臺北市　《丘海
　　　會刊》　第五期　頁一二～一九

（七）、傳　記

〈理學名臣與再世包公〉　　梁傑成
　　　　～明代海南傑出名人丘濬、海瑞
　　　案：邢益森《海南鄉情攬勝》（寶島風姿錄・續集一・頁
　　　九七～一〇二）收錄

〈明海忠介公自題小像〉

　　清宣統二年（1910）　《國粹學報》　第六卷　第一期

〈海瑞〉　　清·張廷玉奉敕撰

　　民國六十四年（1975）六月　臺北市　鼎文書局新校本

　　《明史》（卷二二六·列傳第一一四）　第八冊

〈海忠介公傳〉

　　民國十六年（1927）刊《丘海合集》

　　案：王夢雲《海忠介公全集》（卷之首·傳）收錄

〈海忠介公傳〉　　明·何喬遠

　　民國十六年（1927）刊《丘海合集》

　　案：王夢雲《海忠介公全集》（卷之首·傳）收錄

〈海忠介公傳〉　　明·王弘誨

　　案：王夢雲《海忠介公全集》（卷之首·傳）收錄

〈太子少保海忠介公傳〉　　清·李　贄

　　案：王夢雲《海忠介公全集》（卷之首·傳）收錄

〈海忠介公傳〉（有序）　　明·黃秉石

　　案：王夢雲《海忠介公全集》（卷之首·傳）有載

〈忠介〉　　明·鮑應鰲

　　明·鮑應鰲《明臣諡彙考》（卷上）

　　清文淵閣四庫全書（臺灣商務印書館）景印本　冊六五一

　　（史部四〇九·頁四三五）

〈海忠介公行狀〉　　明·梁雲龍

　　案：王夢雲《海忠介公全集》（卷之七·附錄：行狀）載

〈海瑞傳略〉　　顏大豪

　　案：《丘濬海瑞學術研討會論文選集》（頁三七一～三七

三）載

〈海瑞（忠介）事略〉 王祿明

民國一〇二年（2013）一月 臺北市 《丘海會刊》 第
十五期 頁一八～一九

〈海瑞評傳〉 李錦全

朱逸輝《丘濬海瑞評介集》（第二輯・頁五九三～六〇
九）收錄

〈聖賢發微：讀海瑞評傳〉 馮 巽

一九九七年 廣州市 《廣東社會科學》 第二期 頁一
四〇～一四二

〈海瑞小傳〉 史 偉

一九六六年二月五日 天津市 《天津日報》

〈海瑞傳〉（英文本） 房兆楹

民國六十七年（1978）十月一日 臺北市 《丘海學術研
究彙編》 第一集 頁三〇～四三

案：本文載於《明代名人傳》，美國哥倫比亞大學出版。

〈海忠介公傳記補正〉（海忠介公補傳註） 詹尊泮

民國六十七年（1978）十月一日 臺北市 《中國丘海學
會成立特刊》 頁一四～一六

〈明史海瑞傳補正〉 詹尊泮

民國七十五年（1986）二月五日 臺北市 《丘海季刊》
十三、十四期（合刊） 頁一二～一四

〈「明史海瑞傳」補正要點〉 詹鍾平（本名：詹尊泮）

民國七十五年（1986）八月十日 臺北市 《海南文獻》
十六期 頁五～九

〈海忠介公事略〉　　恒　齋

　　民國二十四年（1935）三月二十日　廣州市　《桄燈》
（彙輯）月刊　三十一卷　頁二二～二四

〈海瑞其人其事〉　　林光灝

　　民國五十五年（1966）　臺北市　《暢流》　三十三卷
十二期　頁二～五

〈爲人民謀福利的明朝大吏海瑞〉　　容肇祖

　　一九四七年一月　香港　《人物雜誌》　二卷一期

〈南包公──海瑞〉　　蔣星煜

　　一九四九年四月十七日　上海市　《解放日報》

　　一九六五年十二月十三日　香港　《文匯報》

〈明朝第一廉吏海瑞〉　　林光灝

　　民國四十八年（1959）六月　臺南市　《文史薈刊》　第
一期　頁七三～七七

〈明代廉吏～海瑞〉　　林光灝

　　民國六十一年（1972）十二月三十日　臺北市　《廣東文
獻》（季刊）　二卷四期　頁三三～三七

〈海青天〉　　郭兆華

　　民國六十三年（1974）八月二十六日　高雄市　《臺灣新
聞報》

　　民國六十三年（1974）九月三十日　臺北市　《廣東文
獻》（季刊）　四卷三期　頁七七～七八

　　民國七十五年（1986）十二月十八日　臺北市　《丘海季
刊》　十六期　頁四一～四二

〈再談海瑞～明朝第一好官海瑞～〉　　　林光灝

　　民國七十二年（1983）七月二十二日　臺北市　《丘海季刊》　八期　頁一九～二一

〈歷史上一位典型的賢臣～海忠介公〉　　何瑞德

　　民國七十五年（1986）八月五日　臺北市　《丘海季刊》十五期　頁一一～一五

〈模範官吏海瑞〉　　許繼文

　　民國八十二年（1993）十一月　臺北市　《臺肥月刊》第三十卷第十一期　頁二三～三六

〈高山仰止　景行行止〉　　唐玲玲

　　　　～剛正廉潔的政治家海瑞

　　一九九五年五月　新嘉坡　《善志社四〇周年誌慶》（特刊）　頁五七～五八轉六〇

〈海忠介公是一代名臣典範千秋〉　　倪文達

　　民國九十一年（2002）十二月二十八日　臺北市　《丘海會刊》　第七期　頁三五～三八

〈海瑞：明廉吏・海青天〉　　王會均

　　民國九十七年（2008）二月　臺北市　《丘海會刊》　第十二期　頁三〇～三三

〈海瑞～明代傑出的政治家〉　　陳鴻邁

　　　　案：收在《丘濬海瑞學術研討會論文選集》（頁三九四～四〇三），暨《丘濬海瑞評介集》（第二輯・頁七五〇～七五九）。

〈南海青天——海瑞〉　　何文生　朱逸輝

　　一九九二年六月二十日　海口市　《海南史志》　總第九期（1992／2）　頁五一～五四轉七一

民國九十四年（2005）二月一日　臺北市　《海南文獻》
第三十三期　頁二二～三五

　　案：朱逸輝《丘濬海瑞評介集》（第二輯·頁六一○～六
　　　　一八）收錄

〈略談海瑞〉　　毛一波

　　民國五十五年（1966）六月五日　臺北市　《中央日報》
六版

〈淺談海瑞〉　　符敦克

　　案：收在《丘濬海瑞學術研討會論文選集》（頁三七四～
　　　　三七八）

〈論海瑞〉　　王朝贊

　　案：收在《丘濬海瑞學術研討會論文選集》（頁三八四～
　　　　三九三）

〈也談海瑞子嗣問題〉　　周濟夫

　　案：周濟夫《瓊臺小札》收錄

〈海瑞年譜〉　　何銘文

　　案：高日焙《瓊山～國家歷史文化名城》（頁二七四～二
　　　　八○）收錄

〈海瑞年譜〉　　李鴻然

　　一九九五年　海口市　《海南大學學報》（社會科學版）
第十三卷第三期　頁六七～七九

　　一九九五年　海口市　《海南大學學報》（社會科學）
第十三卷第四期　頁一七～二八（續一）

　　一九九六年　海口市　《海南大學學報》（社會科學）
第十四卷第一期　頁五四～六五（續完）

〈清廉愛民的海忠介公〉　　王裕芳

民國九十五年（2006）十二月　臺北市　《丘海會刊》一一期　頁七一～七四

〈海忠介公行誼淺談〉　　鄭志強

民國八十二年（1983）八月　臺北市　《丘海季刊》　第三十六期　頁三二～三五

〈海瑞的時代〉　　索　振

一九六六年二月五日　天津市　《天津日報》

〈海瑞非純儒論〉　　謝　湘

一九六六年二月　香港　《人生》　三十卷十期　頁一五～一六

〈海瑞是一個什麼樣的人〉　　陳崇橋

一九六六年六月六日　瀋陽市　《遼寧日報》

〈海瑞に關する一考察〉　　王賢德

昭和五十二年（1977）十二月　日本　東京　《明清史論叢》（中山八郎教授頌壽紀念）　頁一一一～一四〇

〈海瑞任職輯考〉　　陳　波

一九九二年九月二十八日　海口市　《海南史志》　總第一〇期（1992／3）　頁四七～四八

〈海瑞晚年在南京〉　　魏聯炳

一九七九年十一月二十一日　北京市　《新華日報》

〈海瑞罷官、歸隱海南島〉　　陳嘉欣

民國七十四年（1985）二月二十三日　香港　《新聞天地》（週刊）　一九三二期　頁二六

〈海忠介公的歸休與復出〉　　何瑞德

民國七十五年（1986）八月十日　臺北市　《海南文獻》十六期　頁一〇～一三

〈海瑞濃厚的故鄉情〉　　符國華　李向耘

案：邢益森《海南鄉情攬勝》（寶島風姿錄·第五集·頁一〇一～一〇三）收錄

〈海瑞的鄉土情懷〉　李鴻然

一九九八年　海口市　《海南大學學報》（社會科學版）　第十六卷第一期　頁八～一二

案：收在《丘濬海瑞學術研討會論文選集》（頁三〇九～三一五），暨《丘濬海瑞評介集》（第二輯）。

〈海瑞思想述評〉　陳世申

案：《丘濬海瑞學術研討會論文選集》（第四二一～四三〇），暨《丘濬海瑞評介集》（第二輯）收錄。

〈論海瑞的治國思想〉　　王　博　陳吉龍

一九九五年　海口市　《海南師院學報》　第二期　頁六二～六四

〈海瑞思想的多元結構〉　　閻　韜

民國八十七年（1998）七月三十一日　臺北市　《丘海會刊》　第二期　頁一五～一九

一九九八年　海口市　《海南大學學報》（社會科學版）第十六卷第一期　頁一三～一七

案：收在《丘濬海瑞學術研討會論文選集》（頁三一六～三二二），暨《丘濬海瑞評介集》（第二輯）。

〈海忠介公思想與行誼〉　　詹尊泮

民國六十九年（1980）二月十三日　臺北市　《中國丘海

學會會刊》　二期　頁一一～一四

〈論海瑞的哲學思想〉　　姜國柱

　　一九八〇年　臨汾市　《山西師院學報》　四期

〈海忠介公思想與王陽明學說異同之研究〉　　詹尊泮

　　民國七十年（1981）三月十日　臺北市　《丘海季刊》

　一期　頁二四～二七

　　案：朱逸輝《丘濬海瑞評介集》（第二輯・頁六八一～六

　　　　八五），題名：〈海瑞思想與王陽明學說異同之研

　　　　究〉。

〈海瑞教育思想簡論〉　　符和積

　　案：收在《丘濬海瑞學術研討會論文選集》（頁三四七～

　　　　三五六）

〈略論海瑞的教育思想〉　　杜生江

　　案：收在《丘濬海瑞學術研討會論文選集》（頁三七九～

　　　　三八三），暨《丘濬海瑞評介集》（第二輯・頁六七

　　　　四～六七八）。

〈海忠介公的教育觀〉　　王裕芳

　　民國九十一年（2002）十二月二十八日　臺北市　《丘海

　會刊》　第七期　頁三〇～三四

〈論海瑞的經濟思想〉　　奕　南

　　一九六六年　廣州市　《學術研究》　三期

〈海瑞經濟思想研究〉　　洪煥椿

　　一九七九年　天津市　《南開學報》　四期

〈海忠介公的經濟思想〉　　詹尊泮

　　民國七十三年（1984）六月一日　臺北市　《丘海學術研

究論文集》　第一輯　頁八〇～八三

　　朱逸輝《丘濬海瑞評介集》（第二輯・頁六六七～六七三），題名：〈海瑞的經濟思想〉。

〈論海瑞發展海南經濟的戰略構思〉　　黃君萍

　　案：收在《丘濬海瑞學術研討會論文選集》（頁三三八～三四六），暨《丘濬海瑞評介集》（第二輯・頁七二一～七二九），題名：〈論海瑞發展海南經濟的戰略思想〉。

〈海忠介公思想及其政事的時代意義〉　　詹尊泮

　　民國六十八年（1979）十二月三十一日　臺北市　《廣東文獻》（季刊）　九卷四期　頁二三～二七

〈王雲五先生對海瑞政治思想的研究〉　　王雲五

　　民國六十九年（1980）六月十一日　臺北市　《丘海學術研究彙編》　第三輯　頁五四～六四

　　案：本文原係王雲五著《明代政治思想》（第一章），民國五十八年（1969），臺北市　臺灣商務印書館出版。並收在《丘濬海瑞評介集》（第二輯・頁五五七～五六七），題名：〈對海瑞政治思想的研究〉。

〈論海瑞的社會政治思想〉　　張顯清等

　　一九八〇年　哈爾濱市　《北方論叢》　四期

〈海瑞「爲民」思想的階級實質〉　　鄧鴻光

　　一九八一年　武昌市　《江漢論壇》　一期

〈論先賢海瑞的民本思想〉　　黎德劭

　　民國七十三年（1984）六月一日　臺北市　《丘海學術研究論文集》　第一輯　頁七〇～七二

朱逸輝《丘濬海瑞評介集》（第二輯・頁六六一～六六六），題名：〈海瑞的民本思想〉。

〈海忠介公的民本思想〉　　王裕芳

民國九十年（2001）十二月二十八日　臺北市　《丘海會刊》　第六期　頁五～一○

〈海忠介公國家治安思想與設施之研究〉　　鄭　光

民國七十四年（1985）十月五日　臺北市　《丘海季刊》十二期　頁一七～二二

〈論海瑞的法律思想〉　　王威宜

一九九一年　《回族研究》　第三期

〈以史爲鑑依法治國──海瑞法律思想述略〉　　張漢靜

一九九五年　《前進》　第五期　頁四五～四六

〈海忠介公的政事主張與風節〉　　王萬福

民國七十二年（1983）七月二十二日　臺北市　《丘海季刊》　八期　頁九～一六

民國七十二年（1983）九月三十日　臺北市　《廣東文獻》（季刊）　一三卷三期　頁一五～二二

〈海瑞的照人風采〉　　符國華　梁振效

案：邢益森《海南鄉情攬勝》（寶島風姿錄・第五集・頁九九～一○一）收錄

〈爲民任怨　力挽頹流〉　　陳自榆

～重溫海瑞政事拾要

案：朱逸輝《丘濬海瑞評介集》（第二輯・頁七六○～七六五）收錄

〈淺談海瑞的憂患意識〉　　游憲軍

一九九七年十一月三十日　海口市　《海南史志》　總三一期（1997／4）　頁八三～八五

〈包公與海瑞〉　　聞亦步

一九五九年五月十三日　香港　《文匯報》

一九六五年十二月十三日　香港　《文匯報》

〈談海瑞與張居正的矛盾〉　　蔣星煜

一九六二年六月十四日　廣州市　《羊城晚報》

〈海瑞與徐階的鬥爭〉　　陳祖修

民國六十八年（1979）一月　臺北縣　新莊市　《史苑》三十一期　頁二一～二五

〈海瑞、何以尚〉　　牟甲銖

民國六十九年（1980）四月　臺北市　《廣東文獻》（季刊）　第八期　頁一五～一七

〈記明代海瑞與何以尚兩先賢〉　　牟甲銖

民國六十九年（1980）六月十一日　臺北市　《丘海學術研究彙編》　第三集　頁七三～七五

案：朱逸輝《丘濬海瑞評介集》（第二輯·頁六七九～六八〇）收錄

〈海瑞與何以尚之交誼〉　　蔣星煜

案：於《海瑞資料選輯》收錄

〈嘉端四大諫官：三楊與海瑞〉　　高春緞

民國八十八年（1999）一月　高雄市　《黃埔學報》　第三十六期　頁四七～五七

〈海忠介公與當時大學士間的關係恩怨〉　　詹尊泮

民國七十六年（1987）六月十五日　臺北市　《丘海季

刊》　十七、十八期（合刊）　頁一二～一五

〈**海忠介公的忠義偉大精神**〉　　陳聖英（**本名：陳洪範**）

　　民國六十年（1971）十月　臺北市　《海南文獻》　二期　頁二二～二三

　　泰佛曆二五二三年　曼谷　《泰國海南會館卅四週年紀念特刊》　頁一三

　　民國六十九年（1980）六月十一日　臺北市　《丘海學術研究彙編》　第三集　頁三五～三七

〈**試論海瑞精神**〉　　蘇雙碧

　　一九七九年二月二日　香港　《文匯報》

〈**海瑞與儒家精神**〉　　溫心園

　　一九六九年十一月九日　香港　《旅港海南同鄉會成立特刊》　頁六五～六七

　　案：本文曾於香港《人生雜誌》發表

〈**從海瑞的崇高品德看儒家思想**〉　　寒山碧（**韓文甫**）

　　案：收在《丘濬海瑞學術研討會論文選集》（頁三二三～三二八），暨《丘濬海瑞評介集》（第二輯）。

〈**海瑞一生的品德、功業及其獨特的精神風範**〉　　顏大豪

　　民國八十六年（1997）十二月二十八日　臺北市　《丘海會刊》　第一期　頁四七～四八

〈**海瑞、海瑞戲、海瑞精神**〉　　蔣星煜

　　一九七九年一月三日　上海市　《解放日報》

〈**海瑞與海瑞戲**〉　　林　岷

　　民國八十三年（1994）八月　臺北市　《歷史月刊》　第七十九期　頁一一六～一二一

〈閒話紅袍海青天〉　　林光灝

　　佛曆二五三二年一月　泰京　《泰國海南會館四十二週年紀念特刊》　頁三四六

（八）、軼　事

〈論丘、海二公的民間傳說故事〉　　許榮頌

　　案：許榮頌《鄉土襍錄》（頁一四五～一四九）收錄

〈海瑞賀皇壽〉　　許榮頌

　　一九八六年　《天南》　總九期

　　案：許榮頌《鄉土襍錄》（頁五九～六〇）收錄

〈海瑞冒死進讕〉　　符國華

　　案：邢益森《海南鄉情攬勝》（寶島風姿錄·續集二·頁一八四～一八六）收錄

〈海瑞的故事〉　　吳　晗

　　一九六五年十二月十日　香港　《文匯報》

〈關於海瑞二三事〉　　趙景琛

　　一九六五年　上海市　《學術月刊》　十二期

〈海剛峰公二三事〉　　梁　灼

　　民國九十年（2001）十二月二十八日　臺北市　《丘海會刊》　第六期　頁三七～四一

〈海瑞二三事〉　　倪文達

　　民國九十九年（2010）二月　臺北市　《丘海會刊》　第十三期　頁二四～二五

〈論海瑞的歷史傳說〉　　葉春生　李緒鑒等

　　一九六六年四月　北京市　《民間文學》　一九六六年：

二期　頁一二五～一三二

〈關於海公瑞幾件事〉　　陳劍流

　　民國五十七年（1968）五月　臺北市　《海南簡訊復刊》十五期　頁二五～二七

　　　案：原刊《教育家雜誌》，民國五十五年（1966）十一月。

〈海忠介故事述要〉　　陳鎮亞

　　民國六十七年（1978）十月一日　臺北市　《中國丘海學會成立特刊》　頁一七～一九

〈海瑞鬪菩薩的故事〉　　王　京　符國華

　　　案：邢益森《海南鄉情攬勝》（寶島風姿錄・第四集・頁一三〇～一三四）收錄

〈海瑞罵土地公〉　　張任君

　　　案：張任君《古代瓊州才子故事選》（海瑞・頁五九～六〇）收錄

〈海瑞牽纜〉　　張任君

　　　案：張任君《古代瓊州才子故事選》（海瑞・頁六一～六三）收錄

〈海瑞節儉清廉趣事〉　　邢益森

　　　案：邢益森《海南鄉情攬勝》（寶島風姿錄・第四集・頁一二九～一三〇）收錄

〈海瑞和他的烏猿母親〉　　溫仇史

　　民國十九年（1930）三月十二日　廣州市　《民俗》（週刊）　一〇三期　頁二五～二六

〈買肉二斤慶母壽～清官賢名流千古的海瑞〉　　朱俊良

　　民國八十一年（1992）三月十四日　臺北市　《中央日報》　十七版（長河）　附：圖片二幅

〈「十奏嚴嵩」宴客〉　　醉望居士

　　民國八十二年（1993）十月三十一日　香港　《華僑日報》　三十版（棃園拾趣）

　　案：主角爲海瑞

〈談談有關海瑞的幾則民謠〉　　王　讓

　　一九六六年四月　北京市　《民間文學》　一九六六：二期　頁一三三～一三五

〈談海瑞兩首詠物詩〉　　張懷平

　　一九九二年九月二十八日　海口市　《海南史志》　總第一〇期（1992／3）　頁四五～四六轉五五

〈談海瑞詩存疑〉　　麥　穗

　　一九九三年八月十八日　海口市　《海南史志》　總第十四期（1993／3）　頁二六～二七

〈海瑞"雅號"共賞〉　　王會均

　　民國九十五年（2006）十二月二十八日　臺北市　《丘海會刊》　一一期　頁六七～七〇

〈海瑞在揭陽的軼事〉　　蔡金河

　　民國九十五年（2006）十二月二十八日　臺北市　《丘海會刊》　一一期　頁七五

（九）、藝　文

〈重刊丘海二公合集序〉　　清·焦映漢

　　清康熙四十七年（1708）歲次戊子新秋（焦序）

案：王夢雲《海忠介公全集》（卷之首・序）收錄

〈丘海二公文集合編序〉　　清・賈　棠

清康熙四十七年（1708）戊子季秋（賈序）

案：王夢雲《海忠介公全集》（卷之首・序）收錄

〈丘海二公合集序〉　　清・黨維世

清乾隆十八年（1753）癸酉丘氏可繼堂刻本（黨序）

案：收在《丘文莊公集》（卷首）

〈丘海二公合集序〉　　清・程景伊

清乾隆四十三年（1778）歲次戊戌十月既望（程序）

案：王夢雲《海忠介公全集》（卷之首・序）收錄

〈重刊丘海二公合集序〉　　清・朱　棨

清嘉慶二十年（1815）歲次乙亥七月既望（朱序）

案：王夢雲《海忠介公全集》（卷之首・序）收錄

〈捐資重刊丘海文集序〉　　清・張岳崧

案：張岳崧《筠心堂文集》（海南叢書第七集）收錄

〈重刊丘海二公合集跋〉　　王國憲（本名：王國棟）

民國十六年（1927）丁卯（王跋）　民國二十年（1931）
海南書局　鉛印本

案：王夢雲《海忠介公全集》（卷之首・跋）有載

〈丘濬海瑞功德高〉　　林明江

～《丘濬海瑞評介集》序

民國九十二年（2003）十一月十五日　臺北市　《海南文
獻》　第三十一期　頁六九～七一

案：朱逸輝《丘濬海瑞評介集》（序・頁一～三）有載

〈以古爲鑑　昭示未來〉　　吳亞榮

～《丘濬海瑞評介集》序

案：朱逸輝《丘濬海瑞評介集》（序・頁四～六）有載

〈步武前賢　啓迪後學〉　　黃培茂

～《丘濬海瑞評介集》序

案：朱逸輝《丘濬海瑞評介集》（序・七～一〇）有載

〈海南雙璧　中華之光〉　　朱逸輝

～《丘濬海瑞評介集》跋

案：朱逸輝《丘濬海瑞評介集》（附錄・頁八四五～八四六）收錄

〈刻海忠介公文集序〉　　明・阮尚賓

明萬曆二十二年（1594）甲午孟秋（阮序）刊本

案：王夢雲《海忠介公全集》（卷之首・序）有載

〈海忠介公文集序〉　　明・鄒元標

明萬曆四十六年（1618）戊午秋月（鄒序）刊本

案：王夢雲《海忠介公文集》（卷之首・序）有載

〈題海忠介公遺文〉　　明・朱世守

明萬歷四十六年（1618）戊午孟夏（朱序）

案：王夢雲《海忠介公文集》（卷之首・序）有載

〈海忠介公全集序〉　　明・梁子璠

明天啓五年（1625）乙丑重陽日（梁序）

案：刊在明天啓六年（1626）刊《海忠介公全集》（卷首）

〈海忠介公全集序〉　　明・邢祚昌

明天啓六年（1626）丙寅初夏望日（邢序）

案：明天啓六年（1626）刊《海忠介公全集》（卷首）

〈刻海忠介公集并紀傳序〉　　明・黃秉石

　　明崇禎四年（1631）辛未春王正月（黃序）

　　案：明崇禎四年（1631）刊《海忠介公文集》（卷首）載

〈海忠介全集敍〉　　明・傅振商

　　案：明崇禎四年（1631）刊《海忠介公文集》（卷首）載

〈海剛峰先生文集序〉　　清・張伯行

　　清康熙四十九年（1710）庚寅季夏谷日（張序）

　　案：清康熙四十九年正誼堂本《海剛峰先生文集》有載

〈補刊海忠介公文集跋後〉　　清・向萬鑠

　　清光緒三十年（1904）歲次甲辰九月（向萬鑠跋後）

　　案：王夢雲《海忠介公全集》（卷之首・跋）有載

〈海忠介公全集序〉　　錢　穆

　　民國七十年（1981）九月十六日　臺北市　《中央日報》
　第十二版（副刊）

　　民國七十一年（1982）三月二十九日　臺北市　《丘海季
　刊》　第四期　頁八

〈《海忠介公全集》輯印序〉　　王夢雲

　　案：朱逸輝《丘濬海瑞評介集》（第二輯・頁五五五～五
　　　五六）收錄

〈《海忠介公全集》校注本序〉　　符乃雄

　　案：朱逸輝《丘濬海瑞評介集》（第二輯・頁五六八～五
　　　六九）收錄

〈《海忠介公全集》校注本序〉　　吳多旺

　　案：朱逸輝《丘濬海瑞評介集》（第二輯・頁五七〇～五
　　　七三）收錄

〈校注《海忠介公全集》跋〉　　朱逸輝

　　案：朱逸輝《丘濬海瑞評介集》（第二輯·頁六三二～六
　　三四）

〈海忠介公全集新校本讀後感〉　　王萬福　李養國

　　　～治學嚴謹　考據精詳～

　　民國八十八年（1999）十月三十一日　臺北市　《廣東文
　　獻》（季刊）　第一○八期　頁一六～二○

　　案：朱逸輝《丘濬海瑞評介集》（第二輯·頁六三九～六
　　四五），題名：〈治學嚴謹　考據精詳〉。

〈弘揚傳統文化　學習海瑞精神〉　　朱明國

　　　～讀《海忠介公全集》新校本

　　案：朱逸輝《丘濬海瑞評介集》（第二輯·頁六三五～六
　　三八）收錄

〈正氣堂堂宇宙間〉　　梁先中

　　　～《海忠介公全集》新校本閱讀隨想

　　一九九九年五月十日　《中國紀檢監察報》　第四版

　　案：朱逸輝《丘濬海瑞評介集》（第二輯·六四九～六
　　五○）收錄

〈值得一讀的好書〉　　朱逸輝

　　　～談《海忠介公全集》校注本

　　一九九九年四月三日　廣州市　《讀書人報》　第二版

　　案：朱逸輝《丘濬海瑞評介集》（附錄·頁八三七～八三
　　八）收錄

〈備忘集跋〉　　明·海　邁

　　明萬曆三十年（1602）壬寅陽月（海邁跋）

　　案：清康熙二十七年（1688）刊《備忘集》收錄

〈備忘集後跋〉　　　清・海廷芳

　　清康熙五年（1666）丙午孟多谷旦（海廷芳後跋）

　　案：王夢雲《海忠介公全集》（卷之首・跋）收錄

〈海忠介先生備忘集序〉　　　清・程憲章

　　清康熙二十七年（1688）戊辰初夏（程序）

　　案：清康熙二十七年（1688）刊《備忘集》（卷首）有載

〈重刻海忠介公備忘集序〉　　　清・陳　瓚

　　清康熙五十五年（1716）歲次丙申仲夏之吉（陳序）

　　案：清光緒三十一年（1905）刊《備忘集》有載

　　民國六十二年（1973）　香港　《廣東文徵》（冊五・頁

六〇）收錄

〈重刊海忠介備忘集跋〉　　　清・馮端本

　　案：王夢雲《海忠介公全集》（卷之首・跋）收錄

〈重刊海忠介公備忘集後跋〉　　　清・曾對顏

　　清光緒三十一年（1905）乙巳嘉平月（曾後跋）

　　案：王夢雲《海忠介公全集》（卷之首・跋）收錄

〈重刊海忠介公備忘集跋〉　　　王國棟（改名：王國憲）

　　清光緒三十一年（1905）歲次乙巳秋九月（王跋）

　　案：王夢雲《海忠介公全集》（卷之首・跋）收錄

〈海忠介公年譜跋〉　　　王國棟（改名：王國憲）

　　案：王國憲《民國　瓊山縣志》（卷之十九・藝文志）載

〈海忠介公管子牧民篇石刻跋〉　　　明・莫紹德

　　案：王夢雲《海忠介公全集》（卷之七・附錄・褉記）載

〈三公祠仰賢社賓興序〉　　　清・楊慶鱸

　　案：王夢雲《海忠介公全集》（卷之七·附錄·褉記）載

〈海剛峰先生詠〉　　　清·馬文炳

　　案：李　詩《光緒　淳安縣志》（卷之十五·藝文志）載

〈海瑞詩考〉　　灝　翁（本名：林斌，字光灝，自稱：灝翁）

　　民國七十年（1981）三月十五日　臺北市　《自立晚報》
（自立藝苑·第七二〇期·書畫襌）

〈海剛峰先生詠〉　　　清·劉世寧

　　案：李　詩《光緒　淳安縣志》（卷之十五·藝文志）載

〈志存高遠濟蒼生～海瑞《送諸生小試遇雨》詩〉　　周濟夫

　　案：周濟夫《柳蔭詩話》（頁一四〇～一四二）收錄

〈抗疏名傳骨鯁臣～海瑞《揭先師顧洞陽公祠》詩〉　　周濟夫

　　案：周濟夫《椰蔭詩話》（頁一四三～一四五）收錄

〈海丘高誼凝一亭～海瑞爲丘郊作的《樂耕亭》詩〉　　周濟夫

　　案：周濟夫《椰蔭詩話》（頁一四六～一四八）收錄

〈海瑞的文集讀後記〉　　　容肇祖

　　民國三十六年（1947）二月一日　天津市　《大公報》
（天津版）　十一版（圖書周刊　五期）

〈讀《海剛峰先生居官公案》〉　　　程　弘

　　民國五十二年（1963）四月二十八日　北京市　《光明日
報》（文學遺產　四六〇期）

〈試論《封建社會的「清官」、「好官」》讀後〉　　吳　晗

　　一九六四年六月十七日　北京市　《光明日報》

〈《海瑞的故事》後記〉　　蔣星煜

　　一九六五年十二月十三日　香港　《文匯報》

〈從《海瑞的故事》中看「歷史眞相」〉　　　顧　士

一九六六年三月五日　北京市　《光明日報》

〈對〈海公大紅袍〉的抗議～張居正〉　　劉道平

民國五十八年（1969）三月　臺北市　《藝文誌》　四十
二期　頁五四～五六

〈海忠介公的政事文章〉　　吳迺憲

民國六十七年（1978）十月一日　臺北市　《中國丘海學
會成立特刊》　頁五

〈悼海瑞‧哭精華〉　　楊士孝

一九六六年四月十二日　瀋陽市　《遼寧日報》

〈紀念海忠介公誕辰〉　　黃守漢

民國七十二年（1983）二月九日　臺北市　《丘海季刊》
第七期　頁三〇轉一四

〈論「幹國家事讀聖賢書」與「永遠樂觀永遠向上」的相互關
　　係〉　　黃希珍

民國六十二年（1973）十月十日　臺北市　《海南文獻》
第四期　頁四三～四五

〈與陳嘉欣先生商榷海南歷史掌故〉　　楊　群

民國七十五年（1986）八月十日　臺北市　《海南文獻》
第十六期　頁三五～四二

〈談海忠介公的書法〉　　左西亭

民國七十五年（1986）二月五日　臺北市　《丘海季刊》
第十三、十四期（合刊）　頁五二～五三

案：朱逸輝《丘濬海瑞評介集》（第二輯‧頁七八二～七
八四）收錄

〈談海瑞書法〉　　黃承利

案：朱逸輝《丘濬海瑞評介集》（第二輯・頁七八五～七
　　八七）收錄

〈海瑞囚水牢〉（臨高木偶劇唱詞）　　　王宗祥
　　一九八六年七月　海南　臨高　《臨高文史》　第二輯
　頁一三九～一四七

〈海瑞的一篇序文〉　　　張昌禮
　　一九九〇年六月三十日　海口市　《海南史志》　總第一
　期（1990／1）　頁四七～四八

〈萬里請纓〉（海瑞詩）　　　陳林清曲
　　民國八十八年（1999）十月十日　臺北市　《海南文獻》
　第二十七期　頁九一

〈冤獄詠蟬〉（海瑞詩詞）　　　陳林清配曲
　　民國八十八年（1999）十月十日　臺北市　《海南文獻》
　第二十七期　頁九二

（十）、古　蹟

〈贈官賜諡制碑文〉
　　案：王夢雲《海忠介公全集》（卷之七・附錄・諡文）載
〈御製祭葬文〉
　　案：王夢雲《海忠介公全集》（卷之七・附錄・祭文）載
〈御祭文〉
　　案：王夢雲《海忠介公全集》（卷之七・附錄・祭文）載
〈北京尚侍公祭海公碑文〉　　　明・楊　巍等
　　案：王國憲《民國　瓊山縣志》（卷之十五・金石志）載
〈南京同官公祭海公文〉　　　明・陰武卿等

　　案：王國憲《民國　瓊山縣志》（卷之十五·金石志）載
〈南京舊治下公祭海公碑文〉　　明·袁洪愈等

　　案：王國憲《民國　瓊山縣志》（卷之十五·金石志）載
〈廣東同鄉官公祭海忠介公文〉　　明·王宏誨

　　案：王國憲《民國　瓊山縣志》（卷之十五·金石志）載
〈南京都察院右副都御史王用汲等祭海公文〉　　明·王用汲

　　案：王夢雲《海忠介公全集》（卷之七·附錄·祭文）載
〈欽差刑部雲南清吏司署員外即事主事朱天應祭文〉
　　　　明·朱天應

　　案：王夢雲《海忠介公全集》（卷之七·附錄·祭文）載
〈欽差督造墳塋兼賫諭祭文〉　　明·許子偉

　　案：王夢雲《海忠介公全集》（卷之七·附錄·祭文）載
〈欽差總督兩廣軍務兼理糧餉帶管鹽法兼巡撫廣東地方兵部右
　　侍郎兼都察院右僉都御史侍生劉繼文祭文〉
　　　　明·劉繼文

　　案：王夢雲《海忠介公全集》（卷之七·附錄·祭文）載
〈海母謝太夫人貞節卷詩〉　　明·張子翼

　　案：王國憲《民國　瓊山縣志》（卷之二十·藝文志）載
〈海公祠詩〉　　明·徐　楚

　　案：李　詩《光緒　淳安縣志》（卷之三·壇廟志）有載
〈海忠介祠詩〉　　明·李　高

　　案：李　詩《光緒　淳安縣志》（卷之三·壇廟志）有載
〈謁海忠介公祠詩〉　　清·方士穎

　　案：李　詩《光緒　淳安縣志》（卷之三·壇廟志）有載
〈特建海忠介公祠碑〉　　清·彭　鵬

　　　　案：王國憲《民國　瓊山縣志》（卷之十六·金石志）載

〈重修海忠介公祠記〉　　清·戴肇辰

　　　　案：王國憲《民國　瓊山縣志》（卷之十八·金石志）載

〈海忠介公祠碑記〉　　明·翁　恕

　　　　案：李　詩《光緒　淳安縣志》（卷之十三·藝文志）載

〈重修海公祠〉　　清·馬文炳

　　　　案：李　詩《光緒　淳安縣志》（卷之十五·藝文志）載

〈海剛峰先生去思碑記〉　　明·徐廷綬

　　　　案：李　詩《光緒　淳安縣志》（卷之十三·藝文志）載

〈壽字碑〉　　明·海　瑞書

　　　　案：原建在四川省酆都縣鬼城

〈海公泉〉

　　　　案：在瓊山縣（今名：海口市瓊山區）濱涯村旁

〈忠介坊〉

　　　　案：在瓊山縣（今名：海口市瓊山區）大西門上街

〈海忠介諭祭碑〉

　　　　案：在瓊山縣（今隸海口市）濱涯村外“公墓”庭

〈粵東正氣坊〉（爲海瑞立）

　　　　案：原在廣州市四排大街，今移於惠愛東路第一公園。

〈海忠介公故里詩〉　　清·馮驥聲

　　　　案：王夢雲《海忠介公全集》（卷之七·褋記）收錄

〈海瑞故居〉　　朱逸輝

　　　　案：收在《海南百科全書》（辭條）

〈海瑞故居〉　　梁統興

　　　　案：梁統興《瓊臺勝跡記》（瓊山卷·頁一五八～一六

五）收錄

〈重修海瑞故居記〉 吳亞榮

案：朱逸輝《海忠介公全集》校注本（頁八九八～八九
九）收錄

〈海公有家可歸了〉 雲昌瑛

案：朱逸輝《海忠介公全集》校注本（頁八九九～九〇
二）收錄

〈憑弔墓詩〉 王國棟（改名：王國憲）

案：王國憲《民國 瓊山縣志》（卷之十三・古蹟志）載

〈訪海瑞墓〉（詩） 郭沫若

案：郭沫若一九六二年二月間，於弔祭海公墓時作此詩，
於朱逸輝編注《瓊山詩詞選》（頁二〇三）收錄。

〈「南包公」之墓～海瑞墓園〉

民國七十七年（1988）二月八日 臺北市 《中央日報》
二十一版

〈粵東正氣～海瑞墓〉 符永光

案：符永光《瓊史尋蹤》（頁一一六～一一九）收錄

〈正氣長存海瑞魂〉 楊 謙 盧海鳴

一九九七年九月六日 海口市 《海南史志》 總第三〇
期（1997／3） 頁六〇～六二

〈海瑞墓〉 梁統興

案：梁統興《瓊臺勝跡記》（瓊山卷・頁三二五～三三
七）收錄

〈海南古跡～海瑞陵園參觀記〉 馮學炎

民國八十三年（1994）五月十五日 臺北市 《丘海季

刊》　第三十八期　頁五三～五九

　　　　　　附：圖片四幀，書法二幅。

〈游海瑞墓隨感〉　　程儒參

　　一九九七年八月二十二日　海口市　《海南僑報》　二版
（旅游‧風情）

〈南海青天名尚在〉　　朱逸輝

　　　　～海忠介公墓前遐想

　　案：朱逸輝《海忠介公全集》校注本（頁九〇四～九〇
　　九）收錄

〈丹心尚有海潮知〉　　朱逸輝

　　　　～記泰國華僑王文奇瞻仰海瑞墓

　　一九八二年　香港　《鏡報》（雜誌）

　　案：朱逸輝《丘濬海瑞評介集》（第二輯‧頁八二九～八
　　三一）收錄

〈論海瑞及其墓地〉　　閻根齊　陳　濤

　　二〇〇六年三月　中國博物館學民族專業委員會年會論文

〈祭海公文〉　　李養國　陳　波

　　案：海南省文化歷史研究會《丘濬海瑞學術研討會論文選
　　集》（附錄‧頁四三三）收錄

〈海忠介公廟碑〉　　清‧王承烈

　　案：王國憲《民國　瓊山縣志》（卷之十七‧金石志）載

〈官隆海忠介公廟碑〉　　麥　穗

　　一九九五年八月二十八日　海口市　《海南史志》　總第
　　二十二期（1995 ／ 3）　頁七七～七八

　　案：邢益森《海南鄉情攬勝》（寶島風姿錄‧第五集‧頁

三一三～三一五）收錄

〈橫攬江流一奠公～千島湖憑弔海公祠〉　　梁　灼

　　民國九十三年（2004）十二月二十八日　臺北市　《丘海
會刊》　第九期　頁六～九

〈蘇、丘、海三公祠宇興廢事蹟記〉　　卓浩然

　　民國六十二年（1973）十月十日　臺北市　《海南文獻》
第四期　頁四六～四八

〈海南島上「三公祠」和「五公祠」〉　　楊　群

　　民國七十四年（1985）六月五日　香港　《新聞天地》
（週刊）　一九九九期　頁一九～二〇

〈重修三公祠記〉　　清・姚　哲

　　案：王國憲《民國　瓊山縣志》（卷之十六・金石志）載

〈重修三公祠記〉　　清・劉星煒

　　案：王國憲《民國　瓊山縣志》（卷之十七・金石志）載

〈重建丘海二公祠碑記〉　　清・佟湘年

　　案：王國憲《民國　瓊山縣志》（卷之十六・金石志）載

卷之末　結　語

　　海瑞，初任南平縣學教諭，經歷淳安、興國縣知縣，中陞尙寶司司丞，…通政司右通政使（提督膽黃），都察院右僉都御史（奉敕總理糧儲、提督軍務兼巡撫應天十府，僅十月，遭奸人誣劾，辭官返瓊休居）。迨明萬曆十三年（1585）乙酉正月，官復原職，浹歲三遷，累官：南京吏部右侍郎，署吏部尙書。官終南京都察院右都御史，卒於任（留都），慟哉！於每任一官，治一事，必爲民謀利，解救民瘼。幷痛除蠹弊，雷厲風行，嚴鋤豪強，懲治惡霸，即使冒犯權貴，亦有所不畏懼矣。

　　南平縣教諭，官品未入流。明世宗嘉靖三十二年（1553）癸丑歲二月，再次會試不第。閏三月，吏部謁選派官，授福建延平府南平縣儒學教諭，十二月到職，時四十歲。

　　教諭：係一縣儒學之最高長官。《明史》（卷七十五·職官志·儒學）載：教諭，掌教誨所屬生員。訓導，助之。

　　　案：海瑞在任四年，著有教績，擢升知縣。

　　淳安縣知縣，官正七品。明世宗嘉靖三十七年（1558）戊午歲春，擢升浙江嚴州府淳安縣知縣，同年五月到任，年四十有五歲。

　　知縣：乃一縣最高行政長官。《明史》（卷七十五·職官志·知縣）：知縣掌一縣之政，凡賦役、歲會實徵，十年造黃册，以丁產爲差賦。…凡養老、祀神、貢士、讀法、表善良、恤窮乏、稽保甲、嚴緝捕、聽獄訟，皆躬親厥職而勤慎焉。

　　案：海瑞在職四年，政績斐然，升府通判。

　　嘉興府通判，官正六品。明世宗嘉靖四十一年（1562）壬戌歲五月初，升爲浙江嘉興府通判。因受巡鹺御史袁淳劾論落職，於六月下旬取消任命，未曾就職。

　　案：海瑞從遭劾至十二月（半年）間，留淳安縣聽調，并
　　　　自編《淳安政事稿》（三卷）。

　　興國縣知縣，官正七品。明世宗嘉靖四十一年（1562）壬戌歲十二月，調任江西贛州府興國縣知縣，次年（1563）癸亥歲初到職，時年五十一歲。

　　案：海瑞在任約一年十月，升戶部主事。

　　戶部雲南司主事，官正六品。明世宗嘉靖四十三年（1564）甲子歲十月，升戶部雲南清吏司主事，時五十二歲。

　　按「明制」：戶部，設浙江、江西、湖廣、陝西、廣東、山東、福建、河南、山西、四川、廣西、貴州、雲南十三個清吏司，各司分掌相應各省有關戶部事務，兼領所分兩京和直隸之貢賦，以及諸司、衛所之祿俸，邊鎮之糧餉，各倉場鹽課、鈔關。

　　雲南清吏司，除負責雲南省有關戶部事務外，尚帶管七衛：在京府軍、府軍左、府軍右、虎賁左、忠義右、忠義前、泰陵。並管大軍倉、皇城四門倉，暨在外之臨清、德州、徐州、淮安、天津各倉。

　　清吏司，最高長官爲郎中（正五品），次官是員外郎（從五品），主事係輔助辦事之屬員（正六品），且職數亦不止一人（初定各司主事二人，宣德年後雲南清吏司增設七人）。於是顯見，海瑞由知縣擢爲主事，雖爲超遷，唯在京官中，卻係低級屬

官。（參見《明史》卷七十二‧職官志‧戶部）。

　　案：戶部視事一年，上〈治安疏〉（譴稱：海瑞罵皇
　　　　帝），帝怒而下詔獄。世宗崩，遺詔復官，尋改任兵
　　　　部主事。

　　兵部武庫司主事，官正六品。明穆宗隆慶元年（1567）丁卯歲一月，改任兵部武庫清吏司主事，時年五十五歲。

　　按「明制」：兵部設武選、職方、車駕、武庫四個清吏司，各負其責。（參見《明史》卷七十二‧職官志‧兵部）。

　　武庫清吏司，掌管：戎器、符勘、尺籍、武學、薪隸之事，係負責發放工部移送之兵械、驗勘出使人員等後勤雜務。

　　武庫清吏司，最高長官為郎中（正五品），次官係員外郎（從五品），主事是協辦官員（正六品），職數二人。

　　案：海瑞任主事（戶部雲南司與兵部武庫司），未逮二
　　　　年，擢尚寶司丞。

　　尚寶司司丞，官正六品。明穆宗隆慶元年（1567）丁卯歲一月，升尚寶司司丞，時年五十五歲。

　　尚寶司，掌管：寶璽、符牌、印章，而辨其所用。

　　尚寶司，最高長官為卿（正五品）、次官係少卿（從五品），司丞是實際辦事之屬官，職數三人。（參見《明史》卷七十四‧職官志‧尚寶司）。

　　案：尚寶司丞，官品雖仍是“正六品”，惟其職責極為重
　　　　大。於是《明史》，稱“擢”。

　　大理寺右丞，官正五品。明穆宗隆慶元年（1567）丁卯歲四月，升任大理寺右寺丞，年五十五歲。

　　大理寺，負責審斷刑部、都察院、五軍斷事官移送之案牘，

訴訟官司需經大理寺評允才能發遣，有錯則予以糾正之。

　　大理寺主官是卿（正三品），輔官係左、右少卿（正四品），暨左、右寺丞（正五品）。職數：左、右寺丞，各一人，分理京畿、十三布政司刑名之事。（參見《明史》卷七十三·職官志·大理寺）。

　　　　案：未及三個月，升為大理寺左丞。

　　大理寺左丞，仍官正五品。明穆宗隆慶元年（1567）丁卯歲七月十九日，升任大理寺左寺丞。

　　　　案：同年（1567）丁卯歲七月末，奉命出使廣東南海波羅
　　　　　　神廟祭南海之神。

　　南京右通政，官正四品。明穆宗隆慶元年（1567）丁卯歲十一月，升為南京通政使司右通政。

　　南京通政使司，掌收呈狀、付刑部審理。最高長官為通政使（正三品），次官是右通政（正四品），職數一人。

　　　　案：明永樂年間，首都由南京遷北京，唯南京各衙署仍舊
　　　　　　保留，各職官品秩俱同北京，然職權較輕而已。

　　謄黃右通政，仍官正四品。明穆宗隆慶三年（1569）己巳歲春，調任京師提督謄黃通政使右通政，年五十七歲。

　　京師通政使司，掌理"受內外章疏敷奏封駁之事"，頗相當於皇室信訪機構。最高長官為通政使（正三品），次官是左、右通政，暨謄黃右通政（俱正四品）。

　　謄黃右通政，職數一人。負責管理謄錄訴告緣由，節鈔副本。（參見《明史》卷七十三·職官志·通政使司）。

　　　　案：海瑞未及三月，又升右僉都御史，應天巡撫。

　　右僉都御史，應天巡撫，官秩仍為正四品。明穆宗隆慶三年

（1569）己巳歲六月，陞都察院右僉都御史，總理糧儲提督軍務兼巡撫應天十府。

按「明制」：都察院在外加都御史、副都御史、僉都御史之頭銜者，有總督、提督、巡撫、總督兼巡撫、提督兼巡撫等官職。（參見《明史》卷七十三·職官志·都察院）。

都察院，乃中央監察機構，為"治官之官"。最高長官係左、右都御史（正二品），次官為左、右副都御史（正三品）、輔官是左、右僉都御史（正四品），職數不定。然內官在京師，外官駐各地（任總督、提督、巡撫職）。

總理糧儲提督軍務兼巡撫應天十府，職位一員，駐在蘇州。其職權：負責徵收錢糧，協助辦理軍務，監督地方行政事務。管轄區域：應天、蘇州、常州、鎮江、松江、徽州、太平、寧國、安慶、池州十府，暨廣德州。

　　案：海瑞任內，力除積弊，政績顯著，士民稱頌。由於冒
　　　　犯權貴，致遭言官誣劾，未幾改調總督南京糧儲。

右僉都御史，總督南京糧儲，官秩正四品。明穆宗隆慶四年（1570）庚午歲二月被劾，以原官（都察院右僉都御史）調任總督南京糧儲，時年五十八歲。

總督南京糧儲，職數一人。負責催收、解運江南地區之稅糧。唯海瑞尚未及到任，同歲（庚午）三月，朝廷敕令裁革總督南京糧儲，並將所轄之事，劃歸南京戶部侍郎。

　　案：海瑞被迫以疾乞休，回籍候調。於同年（1570）四
　　　　月，返瓊山閑居，近十六載。

吏部右侍郎，署吏部尚書，官正三品。明神宗萬曆十三年（1585）乙酉歲正月，召復原官職（南京都察院右僉都御史，官

秩仍正四品），次二月詔陞南京吏部侍郎，五月到任。由於吏部尚書，還未到職，海瑞以右侍郎職權署吏部事（署理吏部尚書），時年七十三歲。

南京吏部，設尚書（主官，正二品）一人，右侍郎（次官，正三品）一人，不設左侍郎。

案：依《明史》（卷七十五・職官志・吏部）載：凡南京官，六年考察，考功掌之，不由北吏部。

右都御史，官秩正二品。明神宗萬曆十四年（1586）丙戌歲二月，詔陞南京都察院右都御史，三月到任，時年七十四歲。

南京都察院，主官設右都御史（正二品）一人，不設左都御史。下設右副都御史（正三品）一人、右僉都御史（正四品）一人。（參見《明史》卷七十三・職官志・都察院）。

案：明神宗萬曆十五年（1587）丁亥歲十月十四日，卒於官（南京都察院右都御史），享壽七十五歲。諡：忠介，贈太子少保兼吏部尚書。

海瑞在“欽差總理糧儲提督軍務兼巡撫應天等處地方都察院右僉都御史”任內，力求改革，袪除蠹弊，嚴治豪強，搏擊勢官，清丈田畝，均平賦役，興修水利，政績輝炳，聲譽斐然，蘇民德之。并獲“海都堂”、“海龍王”讚譽，乃官途中“登峰造極”時代。然以冒犯權貴，遭言官誣劾，改調總督南京糧儲，未幾朝廷敕令裁革，被迫以疾乞休（回籍候調），返瓊山閑居，沉潛近十六載。迨明神宗萬曆十三年（1585）乙酉歲正月，奉召官復原職（右僉都御史），縱使浹歲三陞，然亦為時已晚，致誠屬憾惜矣。

海瑞於仕宦期間，嘗遭攻擊、受排擠、挨辱罵、坐牢獄、迫

辭官，就封建社會統治階級言之，大都有所歌頌與襃揚。不僅是
青年後進者仰慕，認爲是當代偉人（諸如：顧允成、彭遵古、諸
壽賢、徐常吉），而反對者，大地主階級之代表人物，諸如：高
拱「改革積弊、爲民作主」，張居正「海剛峰在吳，作法雖有過
當，唯其心則出於爲民」，大地主（鄉官）何良俊「海剛峰不怕
死，不要錢，不吐剛茹柔，眞是錚錚一漢子」。

　　何良俊幷說「前年海剛峰來巡撫，遂一力開吳淞江。隆慶四
年、五年，皆有大水，不至病農，即開吳淞江之力也。非海公肯
擔當，安能了此一大事哉！」淞江一帶，鄉官兼營工商業，海瑞
要加以限制，何氏認爲「吾淞江之士大夫工商不可謂不衆矣，民
安不得貪哉！海剛峰欲爲之制數度量，亦未必可盡非。」（見
《四友齋叢說》序）

　　張廷玉《明史》（卷二二六·海瑞傳）讚曰：「海瑞秉剛勁
之性，戇直自遂，蓋可希風漢汲黯，宋包拯，苦節自礪，誠爲人
所難能。」

　　案①汲　黯（～112B.C.），字長孺，西漢·濮陽人。性倨少
禮，好游俠，尙氣節。景帝時，爲太子洗馬，以嚴見憚。武帝
即位，爲謁者，往視河內火災，以便宜發倉粟賑民。出爲東海
太守，以清靜治民，東海大治。召爲主爵都尉，以數直諫，不
得久居位。帝嘗問嚴助曰：汲黯何如人也。曰：使黯任職居官
無以踰人。至其輔少主守成，雖自謂賁育不能過也。帝曰：古
有社稷之臣，黯近之矣。後爲淮陽太守，居十歲而卒（東漢·
班　固《漢書》卷五〇·本傳）。

　　②包　拯（999～1062），字希仁，北宋·合肥人。性峭直，
務倡敦厚。始舉進士，除大理評事，知建昌縣。仁宗時除龍圖

閣直學士，歷知開封府，遷右司郎中。拯立朝剛毅，惡吏苛刻，貴戚宦官，為之斂手，聞者皆憚之。人以拯笑比黃河清，童稚婦女，亦知其名，呼曰：包待制。京師為語曰：關節不到，有閻羅包老。遷禮部侍郎，卒諡：孝肅。著有《包孝肅奏議》十卷（元·托克托《宋史》卷三一六·本傳）。

王弘誨〈海忠介公傳〉云：「海公行為國棟，德足世儀。惠以達名，介而遠利。剛標高碣，挽我叔季。」

李　贄〈海忠介公傳〉稱：「吳俗貧富相傾，弱者率獻田于其豪，以為奸利，輸不必入。公獨卵翼窮民，而摧折士大夫之豪有力者。是時吳中貴人，無逾華亭相，按問其家，無少貸。而其弟侍郎陟，武斷殘民，輒逮治如律，盡奪還其侵田。自是士大夫之名貪暴者，多竄跡遠郡以避，小民始忻忻有更生之望矣。」

黃秉石〈海忠介公傳〉（有序）評曰：「公至吳九閱月耳，而天下財賦之原，肅然一清。至惠澤所流，於今若慕考妣，言之娓娓欲泣也。」又曰：「海公撫吳之德惠，世以方周文襄公忱。然周公在吳二十有二年，蓋熟吳事如家事，而長養之若子孫矣。乃海公廑九閱月，其久近如此之懸也，無論其清絕不及也。…公有纖塵不翳之明，有萬夫莫當之勇，有萬物化育之仁，其氣骨得之天，其識力充之學。真所謂智不惑、仁不憂、勇不懼，而獨立乎宇宙者也。」

梁雲龍〈海忠介公行狀〉嘆曰：「嗚呼！公之出、處、生、死，其關於國家氣運，吾不敢知。其學士大夫之愛、憎、疑、信，吾亦不敢知。第以公之微而家食燕私，顯而莅官立朝，質諸其所著《嚴師教戒》。一一契卷，無毫釐假。孔子所謂強哉矯，而孟子所謂大丈夫乎！古今一真君子也。」

　　阮尙賓〈刻海忠介公文集〉序云：「蓋公通天下命脈爲肝腸，亦通天下休戚爲膚髮，痾癢疾痛，更無人我。故念念皆眞，毫無矯飾，遂毅然行之，無所於疑。孟軻氏謂不失赤子心，公殆有之。至發爲文詞，則又根極理要，自成一家言，不襲前人片語。…規諷具存，皆自所養之正氣發之，不誠有味哉其言之乎？」

　　永　瑢《四庫全書提要》於《備忘集》評曰：「當嘉隆間士風頹薾之際，切墨引繩，振頑醒瞶，誠亦救時之藥石，滌穢解結，非大黃芒硝不能取效，未可以其峻利疑也。」於是顯示，評價之高焉。

　　陳　賓〈重刻海忠介公備忘集序〉云：「世知先生之政事絕人，未知先生之文章尤絕人，…俾學者知有先生之文章，始有先生之氣節。…蓋先生之文章氣節，皆聖賢之嘉言懿行，即人心自有之天理也。人苟不昧乎天理，則知先生之行，雖至奇而實庸，先生之言，雖至淡而有至味。」

　　向萬鑅〈補刊海忠介公文集跋後〉云：「方今西學正熾，衆志浮騖，日趨于新奇荒誕。公書或高束不觀，然至理常存，斯文未墜。竊願與此邦人士默相寶守，終有聖學重興之一日。則公集其將炳如日星，珍爲球璧，以挽世途于無窮也。」

　　屈大均《廣東新語》（海外衣冠勝事）曰：「明興，才賢大起，文莊、忠介于奇甸有光，天之所以報忠義也。…若海公瑞清剛正直，又爲瓊之特出者。惟奇甸故產奇人，…知異時更有比肩而起者矣！」

　　海瑞，卒於官，上聞之，輟朝悼傷，特賜祭葬（於祭文、行狀、傳記中，無莫讚揚、歌頌、肯定之），遣行人護櫬歸里。喪出江上，麻冠白衣送者夾岸，哭而奠者百里不絕，家家戶戶繪像奉祭。於今淳安縣城外，千島湖建有“海公祠”（供奉海瑞金像），幷豎立“去思碑”，藉資誌念。於是顯示，海瑞在歷史上，殊具有崇高地位，暨不可泯滅之核心價值，其“品行氣節”、“精神風範”，足資爲後人矜式，更毋庸有所“扭曲”與“誤導”焉。

綜窺世史，朝代興替，緣因固然極多，唯其最關鍵者，大都是君王昏庸無道，奸佞專權亂政，官宦貪贓枉法，行賄受賂成風。導致政治腐敗，吏場權鬥，人心不安，怨憤載道，官民交惡，對立衝突，嚴峻尖銳矣。

誠如滿清末年，宣統年幼無知，慈禧垂簾聽政，專制強橫霸權，官吏貪污腐敗，造成國勢衰弱，致使列強侵侮，簽訂不平等條約，割地賠款，喪權辱國。於是，全民憎恨憤慨，引發國民革命，推翻滿清政府，創立中華民國，締造亞洲第一個共和國。

民國三○年代，由於國民黨專政，黨國不分，公私不明，貪腐敗壞。兼以通貨澎脹，物價高漲，造成國困民窮，社會動亂不安，勢官強豪鉤結，掠劫商貝民地。於是民不聊生，怨懟四起，欲訴無門。由於民心向背，終於誕生新中國，企盼勵精圖治，然力行“共產主義”制度。實有違國情民俗，誠非民之所欲者也。

一九四九年（己丑）十月一日，中華人民共和國成立，共產黨獨攬大權，屬行“三反五反”、“土地改革”、“人民公社”、“社會主義革命”。於是“農民”、“勞工”大翻身，無產階級專政。然在其位者，必須澈悟其“任重”而“道遠”，不時體恤民瘼，保障民權，維護人權。倘若“重踏覆轍”，吏治腐化，賄賂公行，大官大貪，小官小貪，甚至無官無貪。那眞是

"中國人"的悲哀，於"情何以堪"哉！

　　緬懷世事，以古鑑今，無論是古今中外，人無"貪慾"者幾希？於是顯示，海瑞"剛毅耿介，守正不阿，勤政愛民，秉公執法，鐵面無私，是非分明，廉潔自律，苦節儉樸"風格，暨"富貴不能淫，貧賤不能移，威武不能屈"氣概。益發人深省，海瑞在歷史上崇高地位，暨不可泯滅的價值。永垂青史，光大流芳，而與"日月爭輝"矣。

附錄：索　引

　　本索引（Index）計分：專書與論文兩部分，採作者暨書（篇）名併列方式。著錄款目，依次：作者、書（篇）名、頁次之序，檢索方便。

　　本索引，作者（姓名）依筆劃、筆順：點（、）、橫（一）、直（｜）、撇（丿）、捺（乀）之序編列，未著作者統列於後"無姓名者"項下，以供查索。

一、作者暨書名索引

五　畫：未、丘

六　畫：朱

二、作者暨篇名索引

五　畫：古、左、史、田、白、包

古　木

六　畫：江、吉、向、朱、牟

八　畫：宗、法、房、孟、承、林、杰、卓、周、佩

九　畫：奕、姜、恒、施、洪、柳、胡、郁、韋、星、俞、姚

奕　南

十二畫：寒、曾、游、湯、馮、澎、雲、華、傅、喬、焦、程

十六畫：龍、霍、閻、盧、學、錢、鮑

龍　余（等）

十八畫：顏、魏

十九畫：譚、羅

參考文獻資料

《明史》　清·張廷玉等奉敕修

　　民國六十七年（1978）九月　臺北市　鼎文書局　新校本

《明史稿》　清·王鴻緒著

　　民國五十一年（1962）　臺北縣永和市　文海出版社

　　影印本　七冊

《明史列傳》　清·徐乾學著

　　民國七十四年（1985）　臺北市　臺灣學生書局　影印本

　　十冊（明代史籍彙刊）

《明書》　清·傅維鱗撰

　　民國六十三年（1974）　臺北市　華正書局　臺一版　八冊

《國朝獻徵錄》　明·焦　竑纂

　　民國五十四年（1965）　臺北市　臺灣學生書局　影印本

　　八冊

《姓解》（三卷）　宋·邵　思纂　古逸叢書本

　　民國五十四年（1965）　臺北市　臺灣商務印書館　影印本

　　（叢書集成本）

《元和姓纂》　唐·林　寶撰

　　民國七十二年（1983）　臺北市　臺灣商務印書館

　　影印本（文淵閣四庫全書本）　精裝（第八九〇冊）

《萬姓統譜》　明·凌迪知纂

　　民國六十年（1971）　臺北市　新興書局　影印本

　　（汲古閣藏板）　精裝乙冊

《姓氏考略》　陳延煒

　　民國二十六年（1937）　上海市　上海商務印書館　乙冊

《中華姓府》　王素存輯

　　民國五十八年（1969）六月　臺北市　中華叢書編審委員會
　　精裝二冊

《姓錄》　王素存輯

　　民國四十九年（1960）五月　臺北市　中華叢書編審委員會
　　精裝乙冊

《中國姓氏集》　鄧獻鯨

　　民國六十年（1971）十月　臺北市　至大圖書公司
　　精裝乙冊

《中國姓氏辭典》　陳明遠　汪宋虎

　　一九九五年一月　北京市　北京出版社　精裝乙冊

《中國百家姓解說辭典》

　　民國七十四年（1985）二月　臺北市　新文豐出版公司
　　精裝乙冊

《備忘集》　明・海　瑞撰

　　民國五十九年（1970）　臺北市　學海出版社　影印本
　　精裝三冊

《海忠介公全集》　明・海　瑞撰

　　民國六十二年（1973）五月　臺北市　海忠介公全集輯印委
　　員會　影印本　精裝乙冊（十六開本）

《海瑞集》　明・海　瑞撰　陳義鍾編校本

　　一九六二年十二月　北京市　中華書局　精裝二冊

《丘濬海瑞評介集》　朱逸輝編

二〇〇四年六月 海口市 海南出版社 精裝乙冊

《道光 廣東通志》 清·阮 元修
民國五十七年（1968）十月 臺北市 華文書局 影印本
（據清道光二年修 同治三年重刊本）

《道光 瓊州府志》 清·張岳崧纂
民國五十六年（1967）十二月 臺北市 成文出版社 影印
本（據清道光二十一年修 光緒十六年補刊本） 精二冊

《民國 瓊山縣志》 王國憲纂
民國五十三年（1964） 臺北市 瓊山縣志重印委員會
影印本（據清宣統三年開雕 民國六年鉛印本 瓊山學校
藏板） 精乙冊（十六開本）

《四庫全書總目提要》 清·永 瑢等奉敕撰
民國五十四年（1965）二月 臺北市 臺灣商務印書館
（萬有文庫薈要）

《四庫大辭典》 楊家駱
民國五十六年（1967） 臺北市 中國辭典館復館籌備處
精裝乙冊（十六開本）

《廣東文獻書目知見錄》 黃蔭普
一九七二年九月 香港 崇文書局

《海南文獻資料簡介》 王會均
民國七十二年（1983）十一月 臺北市 文史哲出版社

《海南文獻資料索引》 王會均
民國七十六年（1987）十二月 臺北市 文史哲出版社

撰者專著

一、海南文獻叢刊

海南文獻資料簡介
　　　民國七十二年　　臺北市　　文史哲出版社
海南文獻資料索引
　　　民國七十七年　　臺北市　　文史哲出版社
日文海南資料綜錄
　　　民國八十二年　　臺北市　　文史哲出版社
海南方志資料綜錄
　　　民國八十三年　　臺北市　　文史哲出版社
走向世界　全盤西化：陳序經
　　　民國九十五年　　新北市　　國立臺灣圖書館
海南王曰琪公次支系譜
　　　民國九十九年　　臺北市　　文史哲出版社
海南方志探究　（上下冊）
　　　民國一〇一年　　臺北市　　文史哲出版社
海南文化人
　　　民國一〇二年　　臺北市　　文史哲出版社
海　瑞：明廉吏　海青天
　　　民國一〇二年　　臺北市　　文史哲出版社

白玉蟾：學貫百家　書畫雙絕
　　民國一○二年　臺北市　文史哲出版社

海南建置沿革史
　　民國一○二年　臺北市　文史哲出版社

南海諸島史料綜錄
　　民國一○二年　臺北市　文史哲出版社

羅門・蓉子：點線面
　　民國七十八年　臺北市　手稿本

王祿松：詩畫家　點線面
　　民國九十三年　臺北市　手稿本

半完稿待梓者

　　丘濬：神童・賢輔・宗師（風格、勛業，待完稿）
　　海南作家與作品（建卡完）
　　海南公文書類綜錄（尙待抄稿）
　　海南戲曲（緒言、結語）
　　陸官校：海南校友錄（資料完備尙待抄稿）
　　海南文獻知見錄（1950 年後、中國出版品）
　　海南文獻待訪錄（佚書錄）
　　海南文獻史料綜錄（增補本）
　　歷代瓊人著述書錄（待抄稿）
　　廣東文獻：海南史料通檢（半完稿）
　　海南文史評論集（結集中）

二、和怡書屋叢刊

公共行政書錄
　　　民國六十八年二月　臺北市　手稿本
中華民國企業管理資料總錄
　　　民國六十八年　臺北市　哈佛企業管理顧問公司
公文寫作指南
　　　民國七十二年　臺北市　文史哲出版社
縮影圖書資料管理
　　　民國七十二年　臺北市　文史哲出版社
視聽資料管理：縮影研究
　　　民國七十四年　臺北市　文史哲出版社
縮影資訊系統研究
　　　民國七十七年　臺北市　文史哲出版社
同文合體字
　　　民國一〇一年　臺北市　文史哲出版社
同文合體字字典（待印中）
廣東八大先賢綜傳（半完稿）
和怡書屋文集（輯印中）

海南文獻叢刊·方志二

海南方志探究

上冊

王會均著

文史哲出版社印行

王著《海南方志探究》書影
文史哲出版社本